경제수학

위기의 편의점을
살려라!

경제수학

위기의 편의점을 살려라!

김나영 지음

생각
학교

일러두기

· 이 책은 '행복편의점'이라는 가상의 공간을 배경으로 하고 있습니다.
· 이 책에 등장하는 청소년들은 모두 허구의 인물입니다.

경제원리 속에 숨은 수학을
현실에서 찾아보자

저는 밤에 깨어 있을 때면 종종 편의점에 갑니다. 달콤한 무언가가 생각나서이기도 하지만, 고요하고 어두운 가운데 환하게 불을 밝히고 있는 편의점을 보고 싶어서요. 여행을 가도 숙소 근처에 편의점이 어디 있는지 먼저 찾아두곤 해요. 그래야 마음이 편안하거든요. 언제든 필요한 게 있을 때 찾아갈 수 있다는 안도감 같은 게 생겨서인가 봐요.

편의점에서 우리는 어떤 경제활동을 할까

편리하게 이용한다는 이름처럼, 편의점은 우리 주변 어디에나 있습니다. 요즘 친구들은 수업이 끝나면 학원에 가기 전에 편의점에서 간식을 먹고, 또 학원 쉬는 시간에 내려와 간단한 저녁 식사도 한다고 하더군요. 학교나 학원 옆 편의점은 약속 없이도 친구를 만날 수 있는 만남의 장소가 되기도 하고요. 제자들과 이야기하다 보니 편의점은 요즘 청소년들의 따스한 아지트더라고요.

언제든 찾아갈 수 있는 따스하고 친근한 우리들의 아지트, 편의점. 편의점에 들락이며 우린 알게 모르게 경제활동을 하고 있어요. 경제라고 하면 딱딱하고 어렵다는 생각이 들지 몰라요. 하지만 아침에 일어나서 뭘 먹을지 고민하고, 입을 옷을 고르고, 학교에 걸어갈지 버스를 타고 갈지 선택하는 모든 행동이 경제활동이랍니다. 편의점에 들러 간식을 사 먹는 것도 포함되고요. 참치마요 삼각김밥을 먹기로 선택했다면, 이 선택으로 인해 포기한 무언가가 있을 거예요. 그건 편의점의 다른 간식이 될 수도 있지만, 사고 싶던 스티커가 될 수도 있죠.

경제적 사고와 수학적 사고의 공통점

이런 눈에 보이지 않는 것들도 고려해야 합리적인 선택이 가능해요. 눈에 보이지 않는 가치도 고려하는 사고를 경제적 사고라고 하는데요. 경제적 사고는 뭔가를 사 먹거나 소비할 때뿐만 아니라 모든 일상생활에서 필요하답니다. 어떤 일을 결정하거나 진행할 때 이를 위해 포기되는 것도 함께 고려하는 판단력이라 할 수 있죠. 다섯 친구의 이야기를 따라가다 보면 자연스럽게 경제적 사고 연습이 될 거예요. 그래도 잘 모르겠다면 다음 질문에 대한 답을 고민해볼까요?

편의점에서 음료수는 어디에 있을까요?
❶ 출입문 쪽 ❷ 중간 ❸ 가장 안쪽

아마 ❸번! 가장 안쪽이 떠오를 거예요. 편의점에서 가장 많이 팔리는 물품이 음료수라고 해요. 그런데 왜 가장 안쪽에 넣어둘까요? 비교적 가격이 저렴한 껌, 사탕류가 계산대 앞에 자리 잡고 있는 이유는 뭘까요? 편의점 진열장 속에는 경제원리와 수학이 숨어있답니다. 여러분 또래의 무지개 중학교 다섯 친구들. 유진, 경호, 기연, 준우, 지원이가 학원 옆 행복편의점을 위기에서 구해내며 편의점 속에 숨은 경제원리와 수학을 하나씩 파헤쳐나갑니다.

경제에 무슨 수학이냐고요? 우리가 마시는 음료수 병은 원기둥 모양이에요. 그런데 우유는 사각기둥 모양에 담겨있는 경우가 많습니다. 왜 그럴까요? 여기에 경제와 수학이 함께 들어있답니다. 나아가 사람들의 선호와 사고자 하는 수요를 예측하고 가격을 결정하고, 생산비를 예측하고 생산량을 결정하는 등 좀더 전문적인 경제 영역에서는 물론이고요.

이 책에서는 편의점 단골이던 기연이가 편의점에서 아르바이트를 할 기회가 생겨요. 이 일을 계기로 다섯 친구들은 대학생인 편의점 알바생 찬이와도 친해져요. 찬이를 통해 사장님의 허락을 받아 편의점에서 이벤트를 열기도 하고, 나아가 경영 아이디어도 냅니다. 고객들의 행동을 관찰하고, 그 안에서 행동 패턴을 찾고 영감을 얻어, 창의적인 아이디어로 경영을 경험하게 돼요.

'아, 요즘은 사람들이 자신만의 방식으로 조리해 먹는 걸 좋아하는구나!'라는 관찰에서 시작된 다섯 친구의 아이디어는 그들만의 브랜드를 만드는 데까지 확장되고, 상품 수출도 하게 돼요. 이 과정에서 자연스럽게 경제, 경영의 원리와 그 안에 녹아있는 수학을 스스로 찾아갑니다.

각자의 개성이 뚜렷한 다섯 친구와 함께 경제원리와 수학의 비밀을 파헤쳐볼까요? 저는 장이 끝날 때마다 등장해서, 그 안에 들어있는 경제경영학과 수학을 미니 강의로 짚어주고 있어요. 행복편의점을 무대로 펼쳐지는 에피소드와 미니 강의를 통해 경제수학과 경제·경영의 흐름을 잡아보세요!

무지개 중학교 친구들을 소개합니다

학교와 학원 사이에 있는 행복편의점은 무지개 중학교 친구들이 간식을 사 먹으며 우정을 다지는 곳입니다. 어느 날 서로 함께 웃고 떠들면서 시간을 보내던 행복편의점은 무인편의점의 등장으로 쇠락해갑니다. 추억이 가득한 공간을 사라지게 놓아둘 수 없었던 무지개 중학교 친구들은 김나영 선생님의 도움으로 경제수학을 활용해 행복편의점이 처한 다양한 문제를 해결합니다. 또한 편의점 운영을 위한 경영 지식, 편의점을 둘러싼 상황을 경제 개념으로 이해하면서 사회 현상을 입체적으로 들여다보는 방법도 배웁니다. 도대체 이 친구들이 경제수학, 경제·경영개념을 어떻게 활용해 편의점을 어려움에서 구해냈는지 자세히 알아볼까요? 먼저 이 책에 등장하는 무지개 중학교 친구들부터 만나봅시다!

윤유진
(여)
주인공(화자). 노력파 모범생. 소심하고 걱정이 많은 편이다. 문학과 클래식 음악을 좋아한다.

이기연
(여)
무지개 중학교로 전학 온 친구. 영화배우 엄마를 둔 파워 인싸. 한정판 아이템을 좋아하며, SNS 활동을 열심히 하는 청소년 인플루언서이기도 하다. 엄마가 일본에서 활동하는 동안 일본어를 배워 일본어에는 능숙하지만 수학은 싫어한다. 좋아하는 편의점 오빠가 바쁠 때 돕다가 편의점 알바를 하게 된다.

홍지원
(여)
자타공인 4차원. 공상을 많이 하고, 창의적인 아이디어가 늘 넘친다. SF소설 쓰기가 취미인데, 좋아하는 SF영화 캐릭터 빵이 유행하자 그걸 사려고 안간힘을 쓴다.

이경호
(남)
유진이의 단짝 친구로 유진이를 좋아해 따뜻하게 챙겨준다. 무지개 중학교 학생회장이자 학교 밴드 동아리의 메인 보컬이다. 공부, 노래, 축구, 요리 등 못하는 분야가 없는 우등생으로 리더십과 CEO 기질을 갖췄다. 편의점 음식을 자신만의 레시피로 다시 요리해 먹는 놀라운 재주가 있다.

박준우
(남)

매우 현실적인 성격. 뇌과학자가 꿈이고, 심리학과 경제·경영학에 관심이 많다. 친구들의 여러 아이디어 중 현실적으로 가능성이 있는 것을 발굴하며, 비용-편익분석을 잘한다. 수학 또한 잘해서 수요 조사, 가격 결정, 통계 해석 등, 경제에 수학 개념을 잘 적용한다.

최찬
(남)

기연이가 짝사랑하는 행복편의점 알바생. 대학교 2학년으로 작곡과 미술에 재능이 있다. 포스터 디자인, 모디슈머 및 펀슈머로서 아이디어를 영상으로 만들고, 직접 작곡한 CM송을 넣기도 하면서 행복편의점을 살리기 위해 노력한다.

김나영 샘
(여)

무지개 중학교 학생들의 담임선생님으로, 사회를 가르친다. 아이들에 대한 이해심과 사랑이 가득하다. 아이들이 편의점에서 어떻게 경제수학과 경제·경영을 배울 수 있을지 관심이 많다.

차례

들어가며
우리들의 아지트,
학교와 학원 사이 행복편의점

새 학기 첫날. 등굣길. 하마터면 지각할 뻔했다. 방학 때 밤낮이 바뀌어 생활하던 습관이 이어져서. 노파심이 발동해 등교 30분 전 집에 찾아오신 우리 할머니 덕분에 지각을 면했다. 내가 전화를 안 받아서 직접 오셨다고. 할머니가 데워오신 쑥떡을 한 입 베어 물고 바삐 준비해서 나왔다. 종종걸음치며 학교로 향했다.

"유진아, 잠깐만!"

경호가 뛰어오더니 내 어깨를 살짝 잡으며 말했다.

"응? 무슨 일이야?"

"야, 우리 같은 2반이더라! 방금 1층 현관문에 붙은 반 배정표 봤거든!"

"아, 그래? 담임샘은?"

"김나영 샘."

"뭐? 와, 정말?"

작년 2학년 3반을 맡아주신 우리 담임샘. 우리를 누구보다 잘 이해해주시는 분. 내 얼굴이 밝아지는 것을 바라보던 경호가 두 엄지를 치켜세우며 말했다.

"잘됐지! 나도 기뻐."

경호와 나는 유치원 때부터 함께 놀던 친구다. 엄마끼리도 친하다. 우리는 학원도 함께 다닌다. 솔직히 내게 마음 편한 친구는 경호밖에 없다. 그저 담임샘만 좋은 분으로 만나고 싶었는데 날 잘 이해해주시는 나영 샘 반이 되고, 경호도 같은 반이라니 중학교의 마지막 한 해는 행복할 것 같은 예감이 든다.

무지개 중학교 본관 3층에 위치한 3학년 2반, 창가 쪽 두 번째 자리에는 이미 짝꿍이 앉아있었다. 참 예쁜 아이였다. 조용히 자리에 앉으며 그 아이를 바라봤는데, 긴 생머리에 핑크색 헤어밴드를 하고는 핑크색 일기장에 보라색 펜으로 뭔가 열심히 적고 있었다. 내 눈빛이 느껴졌는지, 짝꿍이 고개를 들더니 반달눈으로 미소를 지으며 말했다.

"안녕? 반가워!"

목소리가 쾌활하고 맑았다.

"응, 안녕."

은근히 낯을 가리는 나는 작은 목소리로 말했다.

"반가워. 난 기연이. 이기연. 넌?"

"나 유진이. 윤유진."

기연이는 방긋 웃고는 다시 다이어리를 적어나갔다. 알록달록 스티커도 붙이면서. 가방에서 읽을 책을 꺼내려는데, 누군가가 다가왔다. 작년에 같은 반이었고 급식친구였던 지원이.

"유진아, 우리 또 같은 반이네? 게다가 나 네 뒷자리야!"

"응, 잘됐다!"

날 반기던 지원이는 검지로 내 팔을 살짝 건들면서 내 짝꿍에 대해 궁금하다는 듯한 신호를 보냈다.

"기연아, 여기는 내 친구 지원이. 홍지원."

내 말에 기연이가 지원이를 향해 웃으며 말했다.

"반가워. 난 기연이. 이기연. 너희는 원래 알던 사이야?"

"응, 우리 작년에도 같은 반이었거든."

지원이의 대답에 기연이는 두 손을 모으며 말했다.

"와, 그러면 둘이 친하겠다!"

"응, 그럼 친하지!"

그때 기연이가 말했다.

"나 작년까지 일본에 있다가 왔거든. 그래서 여기 친구들이 하나도 없어서 걱정되었는데, 나도 너희 팀에 끼워주라!"

지원이는 손가락으로 오케이를 만들며 내게도 눈짓했다. 물론 나도 좋다는 뜻으로 손가락으로 오케이를 만들었다.

경호를 바라보니 벌써 여러 명의 친구들에게 둘러싸여 있었다. 경호에게는 늘 친구들이 많이 모인다. 지금 무슨 재미난 이야기라도 하는지 함박웃음을 짓고 있었다. 옆에는 작년에 같은 반이었던 준우도 보였다. 뇌과학자가 꿈인 준우. 난 소설을 좋아하는데, 준우는 소설은 삶에 실질적으로 도움이 안 되는 것 같아서 안 읽는다고 했다. 대신 그 시간에 인지심리학이나 뇌과학책을 본단다. 현실적이다 못해 냉정해 보이는 준우랑 대화할 때는 갑갑하다. 그런데 어떻게 정감 많은 경호가 준우랑 즐겁게 대화할 수 있지?

경호는 못하는 것이 없다. 난 학교-학원-집만 오고 가도 공부할 시간이 늘 부족하다. 그런데 경호는 학교 락밴드 동아리의 메인 보컬로 활동하면서 시험성적도 항상 1등이다. 심지어 방과 후에는 친구들과 축구까지 한다. 경호를 보면 왠지 내가 부족한 유전자를 가지고 있나 싶기도 하다. 질투하냐고? 전혀 아니다. 언제나 날 챙겨주는 것도 경호니까.

학원에서 쉬는 시간이면, 경호가 함께 편의점에 가자고 불러내곤 한다. 학교 수업 마치고 바로 학원에 가다 보니 늘 배가

고프다. 세 시간 동안 진행되는 학원 수업 중간에 주어지는 쉬는 시간 30분은 이런 내게 정말 소중하다. 그럼에도 소심한 나는 수업 중 잘 안 풀리거나 모르는 문제가 있으면 마음이 찜찜해서 그걸 붙잡고 있곤 한다. 경호는 그럴 때마다 날 챙겨서 편의점으로 데려가 준다. 그러면서 경호는 내게 걱정 말라고, 다른 애들도 다 어려워하는 문제라며 너스레를 떤다.

덕분에 쉬는 시간은 항상 편의점에서 보낸다. 이렇게 학원 생활을 한 지 2년이 지나고 이제 3년째. 우리가 사 먹은 삼각김밥과 컵라면만 해도 700개는 되지 않을까 싶다. 학교와 학원 사이에 위치한 행복편의점. 이곳은 우리 우정과 추억이 담긴 아지트다.

1장

이상하게 그곳에 들어가면 뭔가 사고 싶어진다니까

편의점 물건 배치에 우리가 모르는 비밀이 있어

새 학년 첫날인 오늘 여느 때와 다름없이 하교 후, 경호와
함께 학원으로 향했다.

"오늘 어땠어?"

내가 물었다.

"나야 언제나 즐겁지. 유진이 넌?"

"나도 좋았어. 담임샘이 좋으니까."

"짝은 처음 보는 친구던데?"

"기연이?"

"이름이 기연이야?"

"응. 이기연. 작년까지 일본에 있다가 왔대."

그러자 경호가 뭔가 생각난 듯 말했다.

"그 친구인가?"

"너 뭐 아는 거 있어?"

내 물음에 경호가 답했다.

"일본에서 전학 온 애가 있는데, 엄마가 영화배우 김○○라고."

"정말? 엄청 유명한 분 아니야? 엄마 닮아서 기연이가 미인인 걸까?"

우리는 편의점 삼총사

학원에 도착했다. 응용문제 두 개를 못 풀었다.

"나 오늘 숙제 다 못 했어. 빨리 마무리해야겠다. 어서 올라가자."

"내가 좀 도와줄까?"

"됐거든요!"

항상 도와준다는 경호. 고맙기도 하지만 나도 스스로 해결해보고 싶은 마음에 도움은 거절했다. 도형 응용문제는 하나의 보조선을 그으면 쉽게 해결되기도 하는데, 그게 잘 안 보인다. 한번 안 보이면 진짜 끝까지 안 풀리는 문제들. 난 그래서

도형 문제보다는 식을 세워서 푸는 방정식이나 함수 문제가 편하다. 경호가 화장실에 간 사이, 어떻게 풀었나 들춰봤다. 역시나, 보조선이 필요했군! 경호 노트에 그어진 선 하나를 보니 실마리가 풀렸다. 안 본 척 경호 노트는 덮어두었다. 친구 사이라도 요런 건 좀 숨기고 싶거든.

"다 풀었어?"

"응, 나도 해결!"

난 경호를 보며 의기양양한 표정으로 미소 지었다. 수업 시작하려는데, 수학샘과 함께 많이 본 녀석이 들어왔다. 준우! 너무 현실적이라 만나면 고구마 100개를 먹은 듯한 답답함을 주는 준우였다.

"준우라고 새 친구야. 무지개 중학교 다닌다는데, 아는 사람 있나?"

수학샘의 질문에 경호와 나는 살포시 오른손을 들었다. 수학샘은 우리 옆자리를 가리키며 말씀하셨다.

"준우야, 저기 앉으면 좋겠네."

준우도 같은 수학 학원에 다니게 되었다. 수업 시작. 오늘도 도형 파트다. 나는 머릿속이 평면인가? 왜 전개도를 봐도 도형이 머릿속에 안 그려지는 걸까. 모르는 것을 티 내기 싫어서 열심히 해보지만, 참 어렵다. 머리가 지끈지끈. 이건 뭐 더 붙들고 있는다고 풀릴 것 같지도 않고. 집에 가서 지오플릭(유치부부터 중학교 수학까지 교과연계 수학 교구인 지오플릭은 도형에 대한 이해의 폭과 깊이를 키우는 교구와 교재로 구성되어 있다)을 가지고 만들어보는 수밖에.

"그럼 여기까지 하고. 30분 쉬는 시간!"

언제나처럼 경호와 나는 편의점으로 향했다.

"나도 같이 가!"

준우다.

"이제 편의점 삼총사?"

내 이야기에 준우가 손가락을 펴 올렸다. 우리 셋은 하이파이브를 하고 편의점으로 향했다.

마시고픈 음료수는 왜 항상 안쪽에 있지?

학원 옆 행복편의점. 삼각김밥과 컵라면, 그리고 생수. 우리가 즐겨 먹는 메뉴다. 매일 먹으면 질리지 않냐고? 아니. 얼마나 다양한 조합으로 먹을 수 있는데! 어제는 참치마요 삼각김밥이었지만 오늘은 불고기 삼각김밥이다. 어제는 튀김우동 소컵이었다면, 오늘은 잔라면 소컵이다. 오늘은 경호가 치즈 스트링도 샀다. 경호는 컵라면에 뜨거운 물을 붓고는 빠른 손놀림으로 치즈 스트링을 찢어 넣었다. 그 동작이 마치 요리사 같았다. 그런 다음 뚜껑을 덮고 시간을 잰다. 3분! 오, 다 됐다.

뚜껑을 열고 한 젓가락 후루룩 넘기는 순간, 기연이가 편의점 앞에 나타났다. 기연이는 창문에서 우리를 보고 손을 흔들더니 이내 편의점 문을 열었다.

'띠링!~'

편의점 문에 달린 종이 울리더니 기연이가 편의점 안으로 들어오는 것이 보였다.

"어서 오세요."

편의점 알바 오빠가 우리를 향해 들어오는 기연이를 보며 말했다.

기연이는 우리를 향해 오면서 상품들을 둘러보더니 뭔가를 획획 집어 들었다. 기연이가 재밌다며 들고 온 건 베어표 나초와 하늘말표 시멘트 팝콘이다. 밀가루 회사의 대표적 상표인 베어표와 합작해 만든 나초는 그렇다 쳐도, 시멘트 회사 상표인 하늘말표와 합작해 만든 팝콘이라니 생각만 해도 정말 안 어울리는 조합인데, 요즘은 이렇게 엉뚱한 조합의 회사끼리 콜라보를 한다. 팝콘은 정말 시멘트 포대처럼 생긴 봉투에 담겨있었고 진짜 시멘트처럼 색도 새까맸다. 기연이는 우리가 있는 테이블에 나초와 팝콘을 올려두고는 다시 뒤쪽으로 뭘 찾으러 가며 말했다.

"나 음료수 마시려고 온 건데! 음료수는 맨 안쪽에 있네!"

기연이는 음료수를 골랐고, 나는 딸기 우유를 골랐다. 기연이가 음료수와 딸기 우유팩을 보더니 물었다.

"이상하지 않아? 내가 고른 음료수는 원기둥 모양인데, 왜 우유팩은 사각기둥이지?"

우리의 질문을 듣던 경호가 말했다.

"편의점이 이렇게 물건을 진열한 데는 다 이유가 있을걸."

편의점 가장 구석에 자리한 냉장고에 가서 탄산수를 들고 오는 기연이. 테이블에 앉아 우리랑 먹으려는 찰나.

"학생, 계산하고 먹어요!"

대학교 2학년이라는 알바 오빠였다.

"내 정신 좀 봐. 네, 계산할게요."

기연이는 세 가지 상품을 팔에 한아름 안고 가더니 알바 오빠 앞에 스마트폰을 내밀었다.

'삐익~ 삐익!'

"500원만 더 결제해주세요."

아마도 편의점 모바일 상품권을 썼나 보다.

"잠시만요. 여기 제가 좋아하는 곤약젤리가 있네요? 요것도 하나. 앗, 여기 제로칼로리 핵꿀셔도?"

"이거 두 개 각각 가격은 어떻게 되나요?"

"음, 찍어볼게요."

'삐익~ 삐익!'

"둘 다 900원이네요."

"고민이네요. 둘 다 좋아하는 건데! 포도맛 곤약젤리, 제로 칼로리 핵꿀셔! 모두 제 최애거든요."

카운터에서 뭘 살까 고민하던 기연이는 결국 제로칼로리 핵꿀셔를 내밀었다.

"네, 그럼 1,400원 더 결제해주시면 됩니다."

"여기 모바일 체크카드로 할게요"

계산을 마치고 온 기연이가 물었다.

"너희 여기서 모임 해?"

"아니, 우리 학원 쉬는 시간이라서."

"그렇구나. 삼각김밥이랑 컵라면, 맛있겠네!"

기연이가 군침을 삼키며 말했다.

"너도 좀 먹어볼래?"

내가 삼각김밥을 반으로 갈라 주려고 하자, 한사코 괜찮단다.

"이거 재밌다. 시멘트 회사 팝콘이라고 색깔도 까매! 밀가 루 회사 나초는 음… 하얗진 않네?"

기연이는 나초, 팝콘 봉투를 뜯어 놓고는 하나씩 먹는 포즈를 취하며 셀카를 찍었다. 잠시 후 기연이는 사진 연출을 위해 입에 가까이 가져갔던 나초와 팝콘을 다시 내려놓더니 열심히 스마트폰을 만지작거렸다.

"업로드 끝!"

"너 뭐 해?"

준우가 물었다.

"인스타. 와, 벌써 '좋아요'가 30개야!"

기연이는 자신의 인스타그램을 우리에게 보여주며 말했다. 그런 기연이를 준우는 뚫어져라 보고 있었다.

"너 왜 그래? 내 얼굴에 뭐 묻었니?"

기연이가 준우를 보며 물었다.

"아니."

준우의 단답형 대답.

"기연이가 예뻐서 그런가 보네."

내 이야기에 준우는 갑자기 손을 내저으며 말했다.

헤어나오기 힘든 개미지옥, 골든존

"그게 아니고. 난 기연이 행동을 분석한 거야."

"뭐? 날 분석했다고?"

기연이는 뭐가 재밌는지 까르르 웃으며 물었다.

"너 처음에 음료수 사 먹으러 왔다고 했지?"

"응."

"그런데, 넌 음료수가 아닌 나초와 팝콘을 먼저 집었어."

"그치. 그런데 그게 왜?"

준우의 말에 의아해진 내가 묻자 준우는 검지를 들어 1자를 만들며 말했다.

"바로 이게 편의점 진열장의 비밀이거든!"

"아, 나도 들었다. 일부러 음료수를 가장 안에 둔다는 거!"

경호가 말했다.

"맞아. 편의점에서 가장 잘 팔리는 것이 음료수라서 그걸 제일 안쪽에 둔다고 해."

"아, 음료수 찾으러 가면서 다른 것도 사라고?"

준우의 말이 끝나자마자 내가 물었다.

"응, 바로 그거야. 게다가 기연이가 집은 건 '골든존(Golden Zone)'에 있었어."

준우가 '골든존'을 강조하며 말했다.

"골든존이 뭔데?"

내가 물었다.

"눈에 잘 띄는 좋은 위치야. 골든존엔 보통 인기 있거나 새로 나온 상품을 진열해. 기연이는 편의점 진열 마케팅에서 바라는 대로 행동한 거란 말씀!"

준우의 대답이 끝나자 기연이가 말했다.

"그런데 말야, 이거 너무 재밌게 생겼잖아! 난 그래서 고른 거라고!"

"기연아, 이것도 마케팅이야!"

"뭐?"

"요즘 SNS 많이들 하잖아. 그러면서 재밌고 기발한 상품들 리뷰도 많이 하고. 그러면 소비자들이 더 관심을 갖게 되니까 이렇게 안 어울릴 것 같은 회사들끼리 콜라보해서 여러 제품을 만들어내는 거라고."

"콜라보?"

기연이의 물음에 준우가 답했다.

"응, 콜라보레이션. 두 회사나 브랜드 등이 협업해서 서로의 이미지를 합친 새로운 작품을 만들어내는 거지."

"와, 나는 마케팅에 조종되는 1인?"

기연이의 마지막 말에 준우는 고개를 끄덕였다. 나는 기연이가 속상할까 싶어 눈치를 살폈다.

"내가 그랬다는 것도 재밌고. 진짜 편의점 사장님이 머리를 잘 쓰시는데? 신기하다."

기연이 성격은 정말 시원시원한 느낌이다. 전혀 기분 상한 듯 보이지 않았다. 준우가 덧붙여 말했다.

"그리고 하나, 아니 두 개 더 있어!"

"뭔데 두 개나?"

"너 아까 모바일 상품권으로 결제했잖아."

"응, 그게 왜?"

"사실 현금으로 쓸 때보다, 이렇게 상품권으로 쓰면 심리적으로 덜 아깝게 느껴지고 더 많이 쓰게 된대."

"덜 아까워하는지는 어떻게 아는데?"

내 물음에 준우는 또다시 진지 모드로 얘기했다.

"그게 말이지, 우리 뇌에는 기쁠 때 활성화되는 부분이 있고, 고통스러울 때 활성화되는 부분이 있거든?"

"너 뭐야. 뇌까지?"

놀라워하는 기연이의 말에 이어 준우는 계속했다.

"돈을 쓸 때는 보통 고통을 느끼는 부분이 활성화되는데, 상품권으로 쓸 땐 그게 덜하다고 해. fMRI라 걸로 뇌를 촬영한 실험에서 밝혀진 거야.”

“fM… 뭐?”

“fMRI. ‘기능적자기공명영상’이라고, 뇌 속의 혈류 변화를 감지하는 기술이야.”

“와, 진짜 신기하긴 하네. 또 하나는?”

“바로 제로칼로리 핵꿀셔!”

“그거? 나 입가심하려고 산 건데?”

“그래. 그런 작은 사탕, 젤리, 초콜릿 같은 건 계산하며 추가하기 쉬워서 바로 계산대 근처에 두거든.”

“나 진짜 마케팅에 저격되었군!”

기연이는 두 손을 얼굴에 가져다 대며 재밌다는 듯 말했다.

“그래도 나 둘 중 고민하다가 더 만족감이 큰 걸 골랐어! 가격은 같다길래 뭐가 더 내게 오늘 큰 만족감을 줄지 따졌다고! 이건 좀 합리적 선택 아니니?”

“그래, 그렇긴 하다. 사회시간에 배운 편익-기회비용 개념을 적용한 거잖아!”

내 말에 기연이가 엄지를 올리며 말했다.

“역시 유진이만 날 알아주네. 내가 핵꿀셔를 선택함으로써 포기된 기회비용은 바로….”

“곤약젤리를 먹었을 때의 만족감!”

기연이와 내가 동시에 말하며 하이파이브를 했다.

"우리 쉬는 시간 끝났어!"

경호의 시각 알람에 우리 셋은 후다닥 정리하고 일어났다.

"기연아, 내일 봐!"

"응, 그래. 어서 가봐."

예쁘고 성격도 시원스러운 기연이. 어쩐지 내 마음에 드는 짝꿍이다.

나영 샘의 경제경영학 미니 강의①

소비심리,
우리를 구매로 이끄는 편의점의 마법

상품이든 서비스든 판매를 위해서는 마케팅이 필요합니다. 마케팅은 상품을 사람들에게 널리 알려서 판매를 늘리기 위한 다양한 활동이에요. 직접 제품을 보여주거나 홍보물을 붙이는 것, 유튜브나 방송에 제품 사용법을 보여주는 것, 버스나 지하철에 제품 광고를 게시하거나 영상으로 내보내는 것 등 다양합니다. 마케팅 대상에 해당하는 상품이 있다면, 어떤 사람들이 사려고 하는지 고객조사를 합니다. 그래야 목표 고객에 맞추어 다양한 마케팅을 할 수 있거든요. 여러분이 자주 가는 편의점 사장님들은 어떤 마케팅을 하고 계실까요?

✦ 진열법칙에 숨겨진 전략

편의점 사장님들은 여러분이 지갑을 열도록 여러 마케팅 전략을 써요. 그중 하나가 진열법칙입니다. 편의점에 오는 손님들이 가장 많이 사는 것이 음료수라고 해요. 그럼 가장 바깥에 두어야 손님이 찾기 편하겠죠? 하지만, 사장님 입장에서는 음료수를 가장 안쪽에 넣어두어서 손님이 음료수를 찾으러 가면서 자연스럽게 다른 상품들도 둘러보며 샀으면 싶겠죠. 뭔가 매력적이고 재미있어 보이는 상품을 눈에 잘 보이는 자리에 진열하면 좋을 거예요. 상품이 눈에 잘 띄는 위치를 골든존이라고 하는데요, 여기에는 보통 잘 팔리는 인기 상품이나 새로 나온 상품들을 놓아요. 가장 위 칸이나 가장 아래 칸에는 인기가 덜한 상품이나 굳이 눈에 안 띄어도 사람들이 꾸준히 찾는 상품을 진열합니다.

함께 사용했을 때 만족이 증대되는 보완재(짝꿍 상품)들은 함께 둡니다. 대표적으로 컵라면과 삼각김밥, 맥주와 오징어, 우유와 빵 등이 함께 진열하면 더 잘 팔리는 보완재들이에요. 맥주와 기저귀는 어떤가요? 어린 아기를 키우는 부모님들이 기저귀를 사면서 맥주도 함께 사는 현상을 발견하고 이 둘을 묶어서 두기도 한답니다. 신기하죠? 이처럼 잘 어울리지 않는데 함께 팔리는 상품들이 있죠. 편의점 사장님들은 편의점이나 마트에 있는 CCTV로 손님들과 그들이 찾는 품목들을 관찰하면서 이런 상품들을 찾아낸다고 합니다. 또 하나. 대체로 편의점이나 마트에 들어가면 사람들은 시계 반대 방향으로 걷도록 설계되어 있어요. 오른손잡이 사람들의 경우, 시계 반대 방향으로 걸을 때 상품을 집어 들기 쉽거든요. 전체 사람 중 오른손잡이의 비중이 높으니 이에 맞춰서 걷는 방향도 설계한 거예요.

✦ 재미난 게 좋은 펀슈머의 활약

펀슈머(Funsumer)는 Fun(재미)과 Consumer(소비자)를 결합한 말로, 단순히 상품을 구매하는 것을 넘어 재미를 추구하는 소비자들은 말해요. 펀슈머들의 경험은 주로 소셜네트워크서비스(SNS)를 통해 짧은 기간 내 빠르게 공유되며 유행을 만들어내기도 하죠. 편의점에서만 판매하는 다양한 콜라보레이션 제품들이나 소비자가 원하는 문구를 상품에 붙일 수 있는 '마이 라벨'을 만들어주는 이벤트 등이 여기에 속해요.

보완재(짝꿍 상품)

여러분, 햄버거를 먹을 땐 콜라가 당기지 않나요? 만약 그렇다면, 햄버거 가격이 오르는 경우 콜라도 덜 사 먹게 될 가능성이 크죠. 햄버거 가격이 비싸지면 햄버거 수요량(특정 가격에서 사고자 하는 양)이 줄어들고, 그럼 그만큼 콜라의 수요(일정 기간 내에 사고자 하는 욕구)도 줄어들게 됩니다. 이처럼 X재의 가격이 오르니 Y재의 수요가 줄어드는 경우, X재와 Y재를 보완재 관계라고 부릅니다.

대체재

짝꿍으로 함께 소비하기보다는 대신해서 소비할 수 있는 상품도 있어요. 콜라 혹은 환타를 즐겨 먹는다고 해봐요. 만약 환타 가격이 오르면 환타의 수요량이 줄어들고 대신 콜라의 수요가 늘어나게 됩니다. 이처럼 X재의 가격이 오르니 Y재의 수요가 늘어나는 경우, X재와 Y재를 대체재 관계라고 부릅니다.

콜라보레이션

둘 이상의 힘을 합쳐 일하는 것을 뜻하는 낱말로 두 회사나 브랜드 등이 합작해서 서로의 이미지를 합친 새로운 작품을 만들어내는 것을 의미합니다.

원기둥과 사각기둥,
공간 낭비는 결국 비용 증가

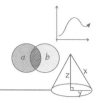

〈관련 교육과정〉

사회	수학
중학교 사회2: 경제생활과 선택	**초등학교 수학6**: 원의 넓이, 입체도형의 부피 **중학교 수학1**: 입체도형의 겉넓이와 부피

편의점에 뭐가 진열되어 있는지 한번 떠올려볼까요? 라면, 삼각
김밥, 스트링 치즈 등이 떠오르죠. 그중에 탄산음료 캔이나 음료 페
트병은 대부분 원기둥 모양이에요. 우리가 보통 들고 마실 때 원통
형 용기가 각기둥 모양보다 손에 쥐기가 더 편합니다. 그래서 많은 음
료 캔과 병이 원통형으로 만들어진 거예요. 그런데 우유팩은 유독 사
각기둥 모양이 많습니다. 왜 그런 걸까요? 이유가 밝혀지진 않았지만,

저는 냉장고 공간 활용과 관련이 있지 않을까 싶어요.

✦ 공간 활용을 위한 수학, 넓이와 부피

우리가 배우는 넓이와 부피는 경제와 경영을 이해하는 데도 큰 도움이 됩니다. 당장 편의점을 운영한다고 생각해봐요. 아무렇게나 진열하면 보기에도 예쁘지 않고 낭비되는 공간이 생기겠죠? 상품을 판매하기 위해서는 최적으로 공간을 활용할 수 있는 방법을 고민해야 해요. 그것이 잘 드러난 것이 바로 우유팩입니다.

우유팩을 생각하면 늘 바로 옆에 놓이는 캔도 떠오르죠. 캔은 보통 원기둥 모양이에요. 왜 캔은 원기둥이고 우유팩은 직육면체일까

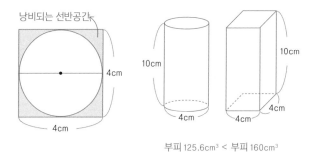

부피 125.6cm³ < 부피 160cm³

요? 직육면체 모양이 원기둥 모양보다 제품을 진열할 때 공간 활용도가 높거든요.

✦ 냉장 보관에 효율이 필요한 이유

지름이 4cm이고, 높이가 10cm인 원기둥과 한 변의 길이가 4cm이고 높이가 10cm인 사각기둥의 부피를 비교해 볼게요.

원기둥의 부피는 '밑넓이$(2×2×π=4π)×$높이$(10)=40π≒125.6cm^3$'이 됩니다. 사각기둥의 부피는 '밑넓이$(4×4=16)×$높이$(10)=160cm^3$이 되고요. 둘 다 선반에 올려둔다고 가정할 때, 차지하게 되는 면적은 같은데 사각기둥의 부피가 더 커서 더 많은 내용물을 보관할 수 있는 거예요(그림에서 색칠된 부분은, 원기둥 병에 담을 때 선반에서 낭비되는 공간입니다).

내용물이 무엇이든 사각기둥 용기는 공간 활용 면에서 효율적이지만, 우유의 경우 탄산음료나 물보다 그렇게 절약된 공간의 가치가 더 큽니다. 물이나 탄산음료는 운반, 유통과정에서 보통 실온에 보관하지만, 우유는 생산에서 유통까지 반드시 냉장 보관을 해야 하기 때문이죠. 우유는 온도가 높으면 쉽게 변질되니까요.

✦ 공간의 낭비는 곧 비용의 증가

실온의 창고나 일반적인 운반트럭은 보관하는 공간면적이 좀더 커진다고 크게 추가적인 비용이 발생하지는 않지만, 냉장 보관은 좀 다릅니다. 냉장트럭, 마트의 냉장시설은 여유롭지 않아서 가능한 한 효율적으로 공간을 활용해야 해요. 운반이나 유통의 전 과정에서 냉장 보관해야 하는 우유의 경우, 공간의 낭비 없이 담는 것이 중요합니다. 그래서 우유를 사각기둥 용기에 담아서 유통하게 된 것 아닐까요?

수학 개념

부피

입체도형이 공간에서 차지하는 크기입니다. 부피의 단위로는 cm^3, m^3 등이 있어요.

사각기둥의 부피＝밑넓이×높이＝가로×세로×높이

원의 넓이＝π×(반지름)^2

원기둥의 부피＝밑넓이×높이＝π×(반지름)^2×높이

원주율(π)은 원둘레와 지름의 비입니다. 즉, 원의 지름에 대한 둘레의 비율을 나타내는 수학 상수로, 3.1415926535897932 384626433832795…로 표시되는 무한소수예요(본문에서는 3.14로 계산했어요).

2장

도대체 한정판은 왜
나만 못 사는 거야

부족할수록 더 갖고 싶은 게
사람의 마음

"아…. 어제도 못 샀어!"

"스타워깡?"

지원이가 등교하자마자 한숨을 쉬며 말하기에 내가 물었다.

"오, 너도 스타워 마니아구나? 나도 사고 싶던데!"

어느새 기연이도 뒤로 돌아앉아 지원이를 보며 말했다.

"오늘 학교 끝나자마자 편의점으로 같이 가보자."

"콜! 유진아 너도 합세해!"

"좋아!"

우리 셋은 작게 주먹을 쥐어 보이며 파이팅을 외쳤다.

담임, 나영 샘은 우리의 마음을 아시는지 오늘 종례는 '가자!' 한마디로 끝이었다. 미리 가방을 챙겨둔 우리는 행복편의점으로 전력 질주했다. 숨을 몰아쉬며 편의점 안으로 들어가면서 물었다.

"스타워…."

"스타워깡 다 나갔어요."

멋진 알바 오빠가 오늘은 하나도 안 멋지다. 오히려 얄미워 보이는 이유는 뭐지? 너무나 아쉬워하는 지원이. 내가 다 안타깝다.

"에고, 어쩔 수 없네. 지원아."

좀 넉넉하게 팔면 좋을 텐데

"오빠, 대체 스타워깡은 언제 들어오는 거예요?"

내가 지원이와 얘기하고 있는 사이, 기연이는 알바 오빠한테 가서 묻고 있었다.

"어, 그게 아침 9시에 들어온다던데?"

"아, 그럼 하나만, 아니 두 봉지만 좀 빼놔 주시면 안 돼요?"

기연이가 반달눈으로 웃으며 말했지만 통하지 않았다.

"어쩌지? 난 오후 3시부터 근무라서 직접 받아본 적이 없는걸?"

"아, 그렇군요? 그럼 주말에도 아침 9시에 들어오나요?"

"응, 그럴 거야."

"네, 고맙습니다."

기연이는 우리에게 와서 말했다.

"아침 9시에 들어온다니까 내일 와보자."

"그래, 마침 내일이 토요일이니 올 수 있겠네."

다음 날 아침 9시경 우리 셋은 편의점 앞에 모였다. 그런데 저게 뭐지? 우리가 편의점 문을 열고 들어가려는 찰나, 모자를 푹 눌러 쓴 아저씨가 커다란 비닐봉지에 스타워깡 열댓 봉지를 담아 들고 나가는 게 아닌가. 설마, 다 사 간 건 아니겠지? 설마 했는데, 진짜였다.

"스타워깡, 방금 들어오지 않았나요?"

내가 계산대 앞 아주머니께 여쭸다.

"응, 맞아. 그런데 스타워깡 들어오는 시간 전부터 기다리고 있다가, 들어오자마자 모조리 사 가는 사람들이 있네."

"너무해요. 그 사람들한테 조금만 파시면 안 돼요?"

"그러게. 나도 그러고 싶은데, 우리 편의점에 들어오는 게 하루에 딱 열다섯 봉지거든. 한두 봉지만 사 가시라고 하니, 장사를 어떻게 하는 거냐며 버럭 화를 내더라고!"

이렇게 잘 팔리는 상품이라면 더 많이 생산해서 넉넉하게 만들면 되지 않을까? 나는 궁금해서 아주머니께 물었다.

"과자 회사에서 앞으로 더 많이 생산할 계획은 없대요? 과자를 팔아서 더 많은 이익을 낼 수 있다면 아예 가격을 올리는 것도 방법일 텐데"

아주머니가 말씀하셨다.

"거기까지는 나도 잘 모르겠어."

지원이가 아주머니와 나의 대화를 듣고 말했다.

"그래도 스타워깡이 지금 가격이어서 구매하고 싶은 거지, 내가 지불할 가격을 넘어가면 아무리 한정판 스타워깡이라도 사긴 어려울 것 같아. 나는 용돈이 정해져 있거든."

"스타워깡 가격이 너무 많이 오르면, 아예 살 사람이 없어질 수도 있겠네."

"우리가 주말에도 모일 만큼 간절한데 혼자 다 사버리다니, 너무하네!"

기연이가 화난 투로 말했다.

"내가 듣기로는 그 사람들 뭔 업체라던데. 그래서 조직적으로 각 지역 편의점 스타워깡을 싹 쓸어 사재기한다나 봐."

"뭐 하려고 그러는 건데요?"

"그렇게 사재기해서 비싸게 팔려는 거지."

"헉, 어디서요? 가격 정해진 거 아닌가요?"

아주머니가 지원이의 질문에 답하셨다.

"편의점 가격은 정해져 있지, 1,700원. 근데, 중고 거래하는 앱에서 훨씬 비싸게 판다더라. 현대판 허생이지 뭐!"

"허생이요?"

내 물음에 아주머니가 이어서 말씀하셨다.

"아, 너희 연암 박지원의 '허생전' 모르니?"

"얘기해주세요!"

"조선시대 소설인데, 주인공 허생이 추석 전에 갖가지 과일을 모두 사들여서 차례상에 올릴 과일이 부족해지자 비싼 가격에 되팔아 큰돈을 벌어. 허생은 그렇게 번 돈으로 양반들 갓의 재료인 말총을 모조리 사들여서 말총이 부족해지자, 이번에는 말총을 비싼 가격에 팔아 또 큰돈을 벌고."

"와, 머리가 좋긴 좋네."

"나쁜 쪽으로 좋은 머리지!"

기연이와 내가 이어서 말했다.

"근데 그래도 돼요?"

지원이의 질문에 아주머니가 고개를 저으며 말씀하셨다.

"아니. 이처럼 의도적으로 사재기해서 비싼 가격에 판매하는 걸 '매점매석'이라고 하는데, 이는 엄연히 불법이야. 매점매석은 국가에서 '물가안정에 관한 법률'로 금지하고 있거든."

"맞아. 뉴스에서 본 거 같아요. 코로나 초기에 마스크를 사재기해서 폭리를 취한 업체들, 처벌받는 거 봤어요."

"매점매석은 소비자의 이익을 현저히 해칠 우려가 있다고 보기 때문에 법으로 금지하고 있는 거야."

"옳소, 그래야지!"

간절할수록 가격이 올라가네

"난 스타워깡 먹어보고, 그 안에 든 포토씰도 꼭 갖고 싶어! 중고마켓에서라도 찾아볼까? 매점매석한 사람들 아닐 수도 있잖아. 자기가 먹으려고 몇 개 샀는데, 입맛에 안 맞아서 팔려는 사람 말이지."

지원이는 못내 아쉬워서인지 중고마켓에서라도 사고 싶어 했다. 내가 직접 스타워깡을 먹어보고 싶은 마음은 5% 정도? 지원이가 안타까워 스타워깡 구매에 성공하고 싶은 마음은 95%. 나보다 기연이가 스타워깡을 좀더 원하는 느낌이고(아마도 인스타에 올리려고?), 지원이는 그 맛과 과자 봉지 안에 들어 있는 포토씰을 간절히 원한다.

"그럼 당근에서 빨리 찾아보자."

역시 기연이답다. 재빨리 스마트폰으로 중고마켓 앱에 들어가 로그인했다.

"오, 있다! 근데 뭐냐. 왜 이리 비싸?"

"얼마인데?"

"헉, 9,000원?"

"그거 편의점에서 1,700원 아니야?"

편의점 가격이 1,700원인 과자가 중고마켓에서는 7,000원~9,000원에 거래되고 있었다.

"7,000원짜리는 거래 완료고. 지금은 9,000원짜리밖에 없어."

"나 꼭 사고 싶은데. 이거 게다가 봄 시즌 한정판이래."

지원이가 울상이 되어 말했다.

"그럼 9,000원에라도 사려고?"

기연이가 물었다. 지원이는 한참 고개를 갸웃갸웃하더니, 다른 중고마켓 앱에 들어가 봤다. 한참을 검색하던 지원이, 표정이 밝아졌다.

"여기 4,000원에 내놓은 사람이 있어!"

"얼른 사!"

기연이가 부추겼다.

"좋아 좋아. 3개 주문이요!"

지원이는 댓글로 세 개 구매 원한다고 남겼고, 그쪽에서는 카톡 아이디를 알려주며 카톡으로 얘기하자고 했다. 보내준 카톡 아이디로 친구추가를 누르니, 프사(프로필 사진)에 귀여운 아기를 안고 있는 가족사진이 떴다. 가족사진이 나오니 왠지 더 믿음이 갔다. 그쪽으로 지원이 집 주소와 연락처를 남겼고, 카톡으로 알려준 계좌번호로 1만 2천 원을 송금했다. 그렇게 기다리기를 일주일. 다음 주말이 되었는데도 과자는 오지 않았다. 지원이가 카톡으로 문의하려고 찾아보니, 그 카톡 아이디는 어느새 사라지고 없었다. 게다가 중고거래 앱에 남긴 글도 삭제되어 있었다. 아니, 이게 말로만 듣던 중고거래 사기?

월요일, 등교한 우리는 이 일을 나영 샘께 알리고 도움을 요청했다.

"어쩌니. 중고거래 사기가 맞는 것 같아."

"그 사람의 카톡 프사는 무척이나 단란해 보이는 가족사진이었는데…."

"중고마켓에서 그 사람 거래 내역이 꽤 많았어요. 매너온도도 좋았고요."

사기인 것 같다는 나영 샘 말씀에 지원이와 기연이가 차례로 말했다.

"그래. 샘도 안타까워. 그런데 요즘 다른 사람 계정을 해킹해서 거래하는 사람들도 있다더라.”

“네? 그게 무슨 말씀이에요?”

지원이가 놀란 토끼 눈이 되어 물었다.

“중고거래 앱의 계정을 해킹해서 그게 내 것인 양 보이게 두는 거래. 스마트폰을 해킹한 경우, 거기 저장된 사진들로 위장해서 프로필 사진으로 걸어두기도 하고.”

“헉….”

“너무하다.”

지원이와 나는 함께 한숨을 쉬었다.

“그래도 금액이 크진 않으니 우리 너무 속상해하진 말자.”

“샘, 이 사람한테 당한 사람이 한둘이 아닐 거 같은데요?”

기연이가 말했다.

“맞아. 그러니까 우리가 지금 할 수 있는 건, 신고!”

“신고요?”

“응, 사이버범죄신고 시스템이 있거든. ecrm.police.go.kr에서 신고가 가능해.”

“아, 그럼 거기에 신고부터 해요.”

우리는 그 사람이 중고마켓에서 쓰던 이름과 아이디, 전화번호 등을 넣어 신고했다.

“정말 다시는 사기 당하고 싶지 않다!”

"샘, 사기 안 당하려면 어떻게 해야 해요?"

지원이의 말에 내가 이어서 물었다.

"더치트(thecheat.co.kr)의 사기 피해 사례검색에서 이름, 계좌번호, 전화번호로 검색해 봐. 최근 신고된 게 있으면 사기일 가능성이 크지. 특히 이름으로도 꼭 검색해 보길 권해. 동명이인이 있을 수 있지만, 동일 이름이 사기로 신고되어있는 경우 한 번 더 의심해볼 수도 있으니까."

"휴, 그런 생각은 하지도 못했어요."

"또 다른 방법은요?"

지원이와 기연이가 물었다.

"카톡으로 친구추가 했을 때, 프로필 확인도 하고 또 '송금하기' 버튼을 눌러보래. 만약 실명인증이 안 되어있는 경우엔 '실명인증이 필요합니다'라고 뜬다는 거야."

"실명인증 안 되어있으면 사기예요?"

기연이가 물었다.

사기당하기 쉬운 이유

"꼭 그렇진 않아. 간혹 필요에 의해 전화번호를 두 개 쓰는

경우에도 실명인증 안 되어있다고 뜨기도 하거든. 하지만 실명
인증이 안 되어있는 경우 한 번 더 의심하라는 거야."

"어렵네요."

지원이가 말했다.

"그렇지. 그리고 이것도 반드시 사기는 아니지만, 선불요금
을 내고 쓰는 선불폰이 사기일 때가 많다고 해. 선불폰인지 알
아보려면, 수신자 부담 전화를 하는 1633을 누르고 상대방 번
호를 입력한 다음 #버튼을 눌러보래. 만약 이때 '상대방 사정
으로 연결할 수 없습니다'가 나오면 선불폰이라고 해."

"이런 확인 방법도 있군요."

"다른 방법도 있나요?"

기연이와 지원이가 차례로 말했다.

"마지막으로 하나. 상품 사진 올려놓잖아? 그런데 사진을
합성하거나 조작하는 경우가 많다고 하네."

"맞아요! 그래서 저는 중고거래 할 때 언제나 영상통화 하
자고 해요!"

기연이가 말했다.

"그렇게 하는 게 좋대. 영상통화로 확인을 하라는 거야."

"샘, 이게 제일 확실해보이긴 하네요? 영상통화. 사기꾼이
면 자기 목소리나 얼굴을 보이고 싶어하지 않을 것 같거든요!"

내 말에 샘도 고개를 끄덕이셨다. 말로만 듣던 중고 사기. 이젠 더 꼼꼼하게 살펴봐야겠다. 오늘 지원이가 스타워깡 시리즈를 무척 좋아한다는 것을 알게 됐다.

수요변동,
내가 원하는 물건이 항상 비싼 이유

◆ 희소성

여러분 혹시 먹태깡, 포켓몬빵 품절 대란 기억하세요? 스타워깡
사례랑 비슷하죠? 초등학생들이 하교 후에 포켓몬빵을 사겠다고 뛰
어가다가 사고가 날 정도였죠. 당시 아이들은 빵보다 그 안에 들어있
는 띠부띠부씰을 갖고 싶어했다고 하더라고요. 특정 띠부띠부씰(뮤,
뮤츠)을 원하는 사람은 많은데, 드물게 들어있어서 귀했다고요. 이
런 건 중고마켓에서 2~3만 원대에 거래되기도 했대요. 빵의 정가는
1,500원에 불과했는데 말이죠. 뮤와 뮤츠는 원하는 사람에 비해 존
재량이 많이 부족했잖아요? 이렇게 욕구에 비해 존재량이 부족할수
록 희소성이 크다고 해요. 희소성이 클수록 가격은 비싸지고요.

✦ 수요와 수요법칙

수요는 일정 기간 동안 사고자 하는 욕구를 말해요. 사과의 수요라고 한다면, 일정 기간 동안 사과를 얼마나 사고자 하는지를 가리키죠. '일정 기간 동안'이라고 한 이유는, 사과를 어떤 한 시점에 소비하려는 것이 아니라 얼마의 기간을 두고 소비하고자 하기 때문이죠. 그런데 가격에 따라 사는 양이 달라지지 않겠어요? 가격이 비싸면 덜 사고, 가격이 싸면 더 많은 양을 사려고 할 테니까요. 이때 어떤 특정 가격에서 사고자 하는 양을 수요량이라고 해요. 수요는 각 가격과 수요량의 대응 관계를 말한다고 볼 수 있죠. 가격이 비싸지면 수요량이 줄어들고, 가격이 싸지면 수요량이 늘어나는 것을 수요법칙이라고 해요.

✦ 수요변동

수요는 변할 수 있어요. 어떤 이유에서든 사람들이 예전보다 사과를 더 좋아하게 되었다고 생각해봐요. 그럼 각 가격에서 사고자 하는 수요량이 모두 늘어나겠죠. 가격과 수요량의 대응 관계가 바뀝니다. 이런 걸 수요변동이라고 해요. 사람들의 기호(taste), 소득, 미래가격에 대한 예상 등이 수요변동의 요인이 될 수 있어요. 소득이 높아지면 보통의 경우 수요가 늘어나게 되겠지요. 그럼 미래에 가격이 오르리라고 예상하면 어떨까요? 가격이 점차 비싸진다고 생각하면, 지금 빨리 구매해두고 싶지 않을까요?

코로나가 시작되던 2020년 3월을 떠올려보세요. 사람들은 마스크를 구하려고 약국마다 돌아다녔고, 마스크가 들어온다고 하는 약국 앞에는 기다란 줄이 늘어섰었어요. 1시간 이상 줄을 서는 건 기본이고 한참을 기다려서 마스크를 두 개 받았을 때의 기쁨은 매우 컸죠. 저도 미리 사두었던 마스크가 20개 정도 있었는데도, 구할 수 있을 때 더 구해놓고 싶어 약국 앞에 줄을 서곤 했어요. 당시엔 '구매'라기보다는 '확보'한다는 느낌이 강했거든요. 미래에 구할 수 없을지 모른다는 두려움이 있었기에, 최대한 미래의 몫까지 더 확보하고 싶었던 거예요.

미래에 공급이 어려워질 것 같아 이후 소비할 것까지 미리 사고자 하는 걸 가수요라고 해요. 당시 코로나로 마스크를 사는 사람들이 많아졌는데, 당장 필요한 만큼 공급이 이루어지기 어려웠던 상황이었잖아요? 미래에 부족할 것까지 예상해서 더 많이 미리 사두려는 심리가 생겨 약국 앞에 줄이 길게 늘어섰던 것이죠. 어떻게 해야 이런 가수요가 사라질까요? 미래에 공급이 원활해질 거란 믿음이 생기면 굳이 미리 구매하지 않을 거예요. 실제로 각 회사에서 마스크 공급을 늘린 2~3주 후, 약국 앞의 줄은 사라졌답니다.

✦ 매점매석

연암 박지원의 소설 〈허생전〉의 주인공 허생은 추석 전에 갖가지

과일을 모두 사들여서 차례상에 올릴 과일이 부족해지자 비싼 가격에 되팔아 큰돈을 벌어요. 이 돈을 가지고 양반들 갓의 재료인 말총을 모조리 사들여서 말총이 부족해졌을 때 비싼 가격에 팔아 또 큰돈을 벌고요. 너무 좋은 아이디어라는 생각이 드나요? 이처럼 의도적으로 사재기해서 비싼 가격에 판매하는 걸 '매점매석'이라고 해요, 이는 엄연히 불법이에요. 매점매석을 국가에서는 '물가안정에 관한 법률'로 금지하고 있거든요. 실제로 코로나 초기에 정부는 마스크를 사재기해서 폭리를 취한 업체들을 적발해서 2년 이하 징역 혹은 5,000만 원 이하 벌금에 처했었답니다. 매점매석은 소비자의 이익을 현저히 해칠 우려가 있다고 보기 때문에 법으로 금지하는 거랍니다.

중고거래 시 체크리스트

여러분도 중고거래 해본 적 있나요? 저도 중고거래 플랫폼으로 물건을 사고판 적이 있는데, 요즘 중고거래 사기가 참 많다고 해요. 중고거래를 할 때 다음 체크리스트를 확인하세요.

1. 더치트, 포털사이트, 중고나라 불량거래에서 상대방의 이름, 휴대폰 번호, 계좌번호가 사기에 이용된 적 있는지 확인한다.
2. 직거래할 때는 물건을 확인하기 전에 선입금하지 않는다.
3. 카톡으로 대화를 유도하면 실명인증이 되어있는지 확인한다.

4. 상대방이 계좌번호가 새로 생성되는 모임통장을 사용한다면 좀더 주의한다.

5. 내가 판매자일 때도 구매자의 정보를 조회한다.

6. 프로필 사진, 중고거래 플랫폼의 매너 온도, 명함과 사원증 등도 도용될 수 있다는 점을 기억한다.

7. 택배로 거래하는 경우 거래 전 영상통화를 통해 실제 물건의 상태를 확인한다.

경제 속에 숨은 수학❷

수요,
사고 싶은 양과 가격 사이의 함수

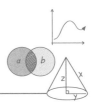

〈관련 교육과정〉

사회	수학
초등학교 사회4: 경제주체의 경제활동 **중학교 사회2**: 시장과 가격 **고등학교 통합사회**: 시장과 경제활동	**중학교 수학2**: 일차함수 **고등학교 수학1**: 함수와 그래프 **고등학교 경제수학**: 수요함수와 공급함수

어떤 외딴 마을에 아이스크림을 사 먹고자 하는 사람이 지원이와 준우 둘만 있다고 해볼게요. 이 마을은 다른 마을과는 거래하지 않는다고 해요. 일주일 동안 아이스크림 가격에 따라 지원이가 사려는 양, 준우가 사려는 양은 다음과 같아요. 앞서 언급한 것처럼 소비자들이 값을 치르고 사고자 하는 상품의 양을 '수요량'이라고 해요. 지

원이와 준우의 가격에 따른 수요량을 살펴보죠.

〈지원이의 가격에 따른 수요량〉

가격(천 원)	0	1	2	3
수요량(개)	12	8	4	0

〈준우의 가격에 따른 수요량〉

가격(천 원)	0	1	2	3
수요량(개)	7	5	3	1

여러분도 가격이 비싸면 덜 사고, 싸면 더 사려고 하죠? 지원이와 준우도 비슷하네요. 이 두 친구의 아이스크림 가격을 P, 수요량을 Q 라고 두고, 가격과 수요량의 대응 관계를 식으로 나타내볼까요? 가격과 수요량은 규칙적으로(일정한 비율로) 변한다고 합시다.

지원이의 가격과 수요량의 대응 관계: $Q_{지원}=-4p+12$
준우의 가격과 수요량의 대응 관계: $Q_{준우}=-2p+7$

일정 기간의 가격과 수요량의 대응 관계를 '수요'라고 하고, 이를 그래프로 나타낸 걸 '수요곡선'이라고 불러요. 사람마다 상품에 대한 수요는 다 달라요. 그럼 이 마을 전체의 아이스크림 수요는 어떻게 나타날까요? 이 마을엔 아이스크림을 사고자 하는 사람이 둘밖에 없으니, 둘의 수요를 합하면 됩니다. 이렇게 구해진 것을 아이스크림의 시장수요라고 합니다.

〈아이스크림의 시장가격에 따른 수요량〉

가격(천 원)	0	1	2	3
수요량(개)	19(12+7)	13(8+5)	7(4+3)	1(1+0)

아이스크림의 시장수요: $Q_d = -6p + 19$

우리 그럼 아이스크림의 수요를 그래프로 표현해 볼까요? 과학 시간에 시간 변화에 따른 거리를 그린다고 하면, 시간을 가로축에 쓰고, 그에 따른 변화인 거리를 세로축에 쓰죠? 수요는 가격에 따른 수요량의 변화니까 가격을 가로축에 써야 해요. 그런데 경제학에서는 수요에 대한 그래프를 그릴 때 가로축과 세로축을 바꿔서 그려요. 앨프리드 마셜이라는 경제학자가 그렇게 그리기 시작한 후 관습이 되어버렸다고 합니다.

수요곡선은 아이스크림의 수요량이 어떻게 변화하는지(가격과 수요량의 대응 관계) 보여줍니다. 가격이 상승하면 수요량이 감소하고,

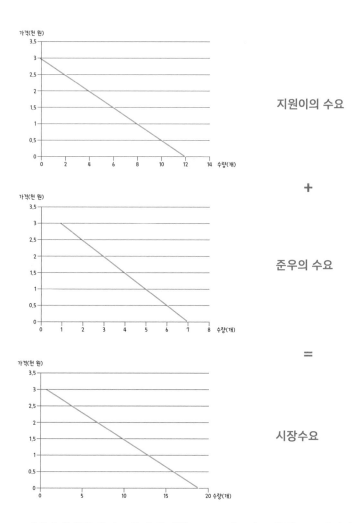

지원이의 수요

+

준우의 수요

=

시장수요

가격이 하락하면 수요량이 증가하므로 그래프가 오른쪽으로 내려가는 형태를 띠게 됩니다. 여러분 주변에서 가격과 수요량처럼 규칙적으로 대응하는 사례를 찾아보세요.

수학 개념

대응

변화하는 두 양에서, 한 양이 변할 때 다른 양이 그에 따라서 변하는 규칙적인 관계를 대응이라고 합니다.

함수

두 집합 X, Y에 대하여 X의 각 원소 x에 Y의 원소 y가 오직 하나씩 대응할 때, 이 대응을 X에서 Y로의 함수라고 하고, y=f(x)로 표시합니다.

일차함수

y는 x의 함수이고 y=ax+b(a, b는 상수, a≠0)와 같이 y가 x에 관한 일차식으로 표시될 때, 이 함수를 일차함수라 합니다(정의역, 공역에 대한 특별한 조건이 없으면 정의역, 공역은 실수 전체의 집합으로 생각합니다).

함숫값

함수 y=f(x)에서 x의 값에 대응하는 y의 값을 함숫값이라고 하고, f(x)로 표시합니다. f(x)=ax+b에서 x=p일 때의 함숫값은 f(p), 즉 ap+b이지요.

경제 개념

수요량

(일정한 기간) 특정 가격에서 사고자 하는 양

수요

(일정한 기간) 각 가격과 수요량 사이의 대응 관계

수요와 수요량을 수학적으로 표현하면?

수요함수가 $Q_d=ap+b$라면, 가격 1,000원일 때 수요량은 함숫 값 f(1,000), 즉 1,000a+b입니다. 수요량은 특정 가격에서 사고 자 하는 양인 함숫값이고, 수요는 가격과 수요량의 대응 관계인 수요함수 그 자체를 말해요.

3장

편의점 셀프 요리바에서
나만의 요리 만들기

취향을 존중하면
더 잘 팔린대

오늘은 영어 학원. 뭐 영어 학원이나 수학 학원이나 같은 건물에 있고, 수업 시간이 3시간인 것도 같다. 쉬는 시간이 30분인 것까지. 오늘은 학교 청소 당번인 날이라 더 바쁘다. 얼른 청소를 끝내고 뛰어가면 학원 수업 시작하기 전에 달랑달랑 맞춰 들어갈 수 있을 것이다.

'쓱쓱 싹싹'

바쁘게 빗자루를 놀리고 있는데, 내 빗자루가 지나간 자리에 바로 물걸레가 들어오더니 바닥을 닦는다. 뭐지? 누구긴 누구야. 경호다.

"너 먼저 가라니까."

"나 먼저 가면 무슨 재미야. 난 너 놀리는 재미로 학원 다니는데.”

“으이그. 못 말려.”

내가 청소할 때면 경호가 언제나 함께해준다. 청소하는 날이면 학원까지 뛰어가야 하는데도. 날 놀리는 재미로 학원 다닌다는 녀석이니 어떻게 말려. 청소 끝나면 나영 샘께 검사 맡는다. 그런데 오늘 나영 샘이 자리에 안 계신다. 어쩌지? 그냥 갈 수는 없어 10분쯤 기다리니 선생님이 오셨다. 결국 학원은 지각이다.

“우리 지금 늦었어. 빨리 가자.”

“좀 늦으면 어때서.”

늦었는데도 경호는 여유를 부린다.

“난 지각하기 싫어. 뛰자.”

앞서 가는 경호와 달리 나는 자꾸 뒤처졌다.

“헉… 헉… 나, 힘들어.”

“그럼 내 손 잡고 뛰자!”

나만의 독특한 체험을 즐기는 모디슈머

경호 덕분에 지각은 면했다. 경호에게 끌려가는 느낌이었지만 그래도 학원까지 무사히 도착했다. 땀을 뻘뻘 흘리는 경호를 보니 고맙기도 하고, 미안하기도 했다.

앗, 그런데! 저기. 지원이가 앉아있다. 오늘 영어 학원에 등록했나 보다. 나는 지원이와 눈인사를 나눴다. 요즘 학원에 친구가 점점 많아진다.

영어 수업은 들을 만하다. 내가 언어 감각이 좀 있는 걸까? 아니지, 기연이에 비하면. 기연이는 일본어, 영어, 한국어를 모두 유창하게 한다. 어릴 때는 영국에서 살았고, 최근 몇 년은 일본에서 살았단다. 잘난 척이라도 하면 얄미웠을 텐데, 기연이는 별것 아니라고 얘기한다. 또 내가 모르는 부분은 친절하게 가르쳐주니 짝꿍에게 배우는 게 많은 요즘이다.

영어 지문 해석 하나가 끝나고 다음 지문으로 이어졌다.

"A friend is a second myself."

친구는 두 번째의 나 자신이다? 나 자신이라고 할 만큼 친구는 평생 함께하는 소중한 존재란 의미겠지. 경호처럼. 기연이도 그렇게 될 테고, 언젠가 지원이도 그렇게 되겠지? 생각에 빠지는 동안 수업이 끝나는지도 몰랐다.

"유진아, 정신 차려. 가자."

경호의 손짓에 정신이 번쩍 들었다. 분명 편의점에 가자는 이야기다.

"그래. 지원이도 함께 가자."

2분 후 우리는 행복편의점에 와있었다. 편의점 앞엔 내 짝꿍 기연이가 서있다.

"기연아, 웬일?"

"웬일은. 너희 보고 싶어 왔지."

"다른 볼 일 있는 거 같은데?"

"지난번에 경호가 만든 편의점 요리가 맛있어 보여서 말야. 요즘 대세가 모디슈머잖아!"

"모디슈머?"

내 물음에 기연이가 답했다.

"응, 모디슈머(modisumer)는 수정하다는 뜻의 modify와 소비자라는 뜻의 consumer의 합성어인데, 자신만의 독특한 체험을 즐기는 소비자를 말하지. 경호가 딱 모디슈머!"

기연이는 자신이 샀다면서 삼각김밥 세 개와 컵 쌀국수 세 개, 치즈 스트링, 게맛살 등을 내밀었다.

"지난번에 보니까 이렇게 하길래!"

"아, 그거? 그래, 내가 해줄게."

경호는 기연이 손에 잔뜩 들린 편의점 음식을 받아들었다.

"지원이도 있어! 한 세트 더!"

"그래 내가 만들게. 너희 모두 앉아있어."

경호가 편의점 음식을 들고 셀프 요리바로 달려갔다. 갑자기 기연이가 돈을 많이 쓴 건 아닌가 나도 모르게 걱정되어 물었다.

"기연아, 이거 그냥 산 거 아니지? 나한테 쿠폰 있었는데 미리 말할 걸 그랬어."

그러자 기연이가 싱긋 웃으며 말했다.

"1+1, 2+1 행사 상품이랑, 엄마가 챙겨준 20% 할인 쿠폰까지 알뜰하게 사용했어."

편의점 망고빙수, 맛 보실래요?

지난주부터 행복편의점에 새로 생긴 코너가 있다. 셀프 요리바. 요리바라고 하기엔 너무 협소하지만, 전자레인지 옆에 한 구짜리 인덕션과 프라이팬, 식용유가 새로 놓였다.

셀프 요리바가 생기자마자 경호는 자기가 더 맛있게 해준다며 내 삼각김밥을 가져갔다. 그러더니 삼각김밥의 김을 벗기고 프라이팬에 식용유를 살짝 두르더니 달궈진 프라이팬 위에 삼각김밥을 놓았다. 삼각김밥의 표면이 노릇노릇하게 구워지자 그 위에 스트링 치즈를 올린다. 따끈한 삼각김밥 위에서 사르르 녹는 치즈를 보니 군침이 돌았다.

경호는 삼각김밥에는 따끈한 국물이 필요하다며 컵 쌀국수를 가져왔는데 여기에도 포인트가 있다. 바로 물을 붓기 전 게맛살을 찢어서 함께 넣어주는 것이다. 그렇게 하니 감칠맛이 더 많이 느껴졌다. 삼각김밥에서 벗겨낸 김은 국수와 삼각김밥에 고루 뿌린다. 경호표 '삼각김밥+쌀국수' 세트는 맛의 조화가 끝내준다. 게다가 기연이가 산 쌀국수 컵라면이 오늘 할인했는데, 그래서인지 더 맛있게 느껴졌다.

지난주, 우리가 이렇게 먹고 있을 때 그걸 기연이가 지나가던 길에 보고는 편의점까지 들어왔다. 기연이는 우리한테 인사하고는 먹는 모습을 보고 갔다. 그때 우리가 권해도 먹지 않더니 오늘 그 맛이 궁금해서 온 건가? 기연이와 나, 지원이는 편의점 밖 파라솔 테이블의 의자에 앉았다. 경호를 도우려는데 경호는 자기가 만들겠단다. 얼마 지나지 않아 경호가 음식을 들고왔다.

"와, 지~인~~짜 맛있겠다! 치즈향 솔솔! 바삭하게 구워진 거 봐봐!"

기연이는 두 손으로 엄지척을 하며 신나 한다.

"너희 먹어! 난~~ 말야~."

기연이가 이번에는 가방에서 셀카봉을 꺼내 설치한다.

"인스타 사진?"

내 물음에 기연이는 손가락으로 세모를 만들었다.

"물론 인스타에도 올리고."

"그럼 또 뭐 하는데?"

"나, 먹방 유튜브도 시작했거든! 촬영하려고."

"대단해 정말."

경호와 지원이도 엄지를 올려 보였다.

학원에 가야 하는 셋은 후다닥 먹기 바빴고, 기연이는 삼각김밥을 입에 가져다 대는 장면만 몇 번을 촬영하는지. 아직 한입도 못 먹은 것 같았다. 촬영에 몰입한 기연이는 우리 셋이 다먹고 일어나는 것도 눈치채지 못했다. 방해되지 않게 쪽지에먼저 간다고 적어 테이블 위에 올려두고 나왔다.

학원이 끝나고 기연이의 유튜브 채널을 찾았다. 기연이는정말 엄마를 닮아 방송인의 피가 흐르나 보다. 어떻게 찍어야사진이 잘 나오는지, 영상이 잘 나오는지 안다. 요즘 시청자들이 좋아하는 콘셉트도.

'편의점 모디슈머 요리, 맛보실래요?'라는 자막과 함께 기연이가 주먹밥을 맛있게 베어 물고 있는 사진의 썸네일이 보였다. 조회 수도 벌써 3만 회였다. 업로드한 지 1시간밖에 안 지났는데, 3만 회? 대단하다. 영상을 보고 있는데, 어라. 마지막에 편의점 알바 오빠가 비친다. 그리고 밑에 자막. '내가 좋아하게 된 오빠'. 어쩐지, 자꾸 편의점에 오더라니!

그때 기연이에게 톡이 왔다.

응, 나 그 오빠 멋지더라고!

인상적임.
특히 마지막 장면!

흥흥 영상 봤음?

잘해봐. 근데 오빤
우릴 어린애로만 볼걸?

나 다른 거 안 바람.
그냥 친해지고 싶음.

블랙컨슈머에 대한 우리들의 대처법

다음 날에도 기연이는 우리가 학원 쉬는 시간에 맞춰 편의점을 찾았다. 아니, 훨씬 일찍 왔나 보다. 오늘은 빙수 아이스크림에 망고바를 잘라 넣은 '편의점 망고빙수' 편을 촬영한단다. 오늘은 수학 수업이 있는 날이라 준우도 함께였다.

"편의점 망고빙수? 너무 좋은 아이디어다!"

"그치? 내가 쫌!"

준우의 칭찬에 기연이는 어깨를 으쓱하더니 이어서 말했다.

"요즘 12만 원대 망고빙수가 인스타를 달구고 있거든? 너도나도 비싼 망고빙수랑 다른 특급호텔 빙수를 비교하더라고. 난 그보다 모디슈머로서 새롭게 창조한 망고빙수가 좋아서!"

"기연이. 볼매네."

"볼매?"

"볼수록 매력 있다고!"

"그치? 내가 쫌!"

기연이 특유의 포즈로 귀엽게 말했다. 우리가 이야기하는 동안, 카운터에서는 실랑이가 벌어지고 있었다.

"이거 바꿔 달라고! 왜 못 바꿔줘?"

"여기 그만한 지폐가 없습니다. 죄송합니다."

"편의점! 여기 은행 업무도 하잖아? 저기 ATM기도 있고!"

"죄송합니다. 저희가…."

"못 바꿔주면 물건이라도 내놔. 저 담배 하나를 서비스로 주든지!"

말도 안 되는 생떼를 부리는 아저씨와 어쩔 줄 몰라 하는 알바 오빠가 보였다.

"아, 저 제이에스(JS)!"

"뭐? 제이에스?"

"있어. 진상. 제이에스."

기연이는 그 아저씨한테 다가갔다.

"아저씨, 여기는 은행이 아니고요. 그만한 돈을 바꿔드릴 지폐도 없습니다."

또박또박 이야기하는 기연이. 멋졌다. 그런데 저래도 괜찮을까 싶었는데 아니나 다를까.

"넌 또 뭐야. 야 꼬맹이!"

아저씨는 팔을 들어 기연이에게로 다가갔다.

"악!"

나도 모르게 비명이 터져나오던 찰나, 얌전하던 알바 오빠가 아저씨 팔을 붙잡더니 아저씨를 매섭게 노려봤다.

"이것들이!"

알바 오빠 팔에 붙잡혀서 이리저리 몸부림치는 아저씨의 모습이 마치 오징어 같았다. 그 순간, 경찰차가 도착했고 사건은 해결되었다. 준우가 그 사이 신고를 했단다.

다짜고짜 우기는 것도 부당이득이야

편의점에서 이렇게 무서운 일이 벌어지는 건 처음 봤다. 알바 오빠가 기연이에게 다가왔다.

"너 왜 그랬어? 위험할 뻔했잖아."

"오빠한테 함부로 하는 게 싫었거든요!"

"괜찮아. 저런 사람 어쩌다 한두 명씩 있는걸."

"그래도요."

"너 이름이 뭐니?"

"기연이요. 이기연."

"그래, 기연아 고마워. 나는 최찬. 앞으로는 그러지…."

'띠링~!'

편의점 문이 열리고, 어떤 아주머니 두 분이 들어오셨다. 찬이 오빠에게 다가가 거의 다 쓴 수분크림 통을 열어 보여주더니 일본어로 말했다.

"코레와 와타시노 하다니와 테키시떼 이마셍(이거 내 피부에 맞지 않아요, これは私の肌には適していません。)"

일본어를 모르는 찬이 오빠가 어깨를 으쓱하며 영어로 물었다.

"What can I help you?(무엇을 도와드릴까요?)"

아주머니들이 또다시 일본어를 사용하자 옆에 있던 기연이가 말했다.

"코레와 헨킨데키마셍. 호톤도 쿠로시테이마스(이 상품은 환불할 수 없습니다. 다 사용하셨잖아요!, これは返金できません。ほとんど苦労しています。)"

두 아주머니는 당황한 기색이 역력해 보이더니 한국어로 말했다.

"이거 별로야! 환불해줘."

기연이가 다시 말했다.

"아주머니, 거의 다 쓰셨던데요. 그래서 환불 안 돼요."

"뭐야, 저 어린 게!"

기연이의 말에 두 아주머니는 수분크림을 도로 챙겨서는 밖으로 나갔다.

"오빠, 오늘 제이에스가 많네요?"

"그러게나 말이다. 제이에스가 뭐야."

"진상!"

"그런 사람들을 경영학에서는 '블랙컨슈머(black consumer)'라고 한대."

찬이 오빠가 말했다.

"블랙컨슈머! 말도 안 되는 이유로 구매한 물건 트집 잡고,

부당하게 이득을 보려고 하는 사람들!"

"오, 제법인걸?"

"그쵸. 제가 쫌!"

기연이는 부끄러운 듯 두 손을 얼굴에 가져다 댔다.

기회비용,
선택 뒤에는 항상 포기가 있다

여러분에게 1억 원이 있다면 뭘 사고 싶으세요? 그런 큰돈이 있다면 편의점이나 마트에서 사고 싶은 물건을 웬만큼 살 수 있을 거예요. 하지만 우리에겐 한정된 용돈이 있죠. 그러므로 주어진 금액 안에서 어떻게 소비해야 내 만족감이 최대가 될지 따져봐야 합니다.

✦ 기회비용을 생각하는 소비자

만약 미래에 사고 싶은 물건이 있다면 그 물건 가격만큼은 먼저 저축으로 떼어두어야 하고, 정기적으로 나가는 돈이 있다면 그것도 빼두어야 합니다. 예를 들어, 학교에 버스를 타고 다닌다면 다음 용돈을 받기 전까지 써야 하는 교통비를 빼두어야 하는 거죠. 그런 다음 나머지 소비에 사용할 수 있는 액수가 얼마인지 적어두세요. 사고 싶은 상품들 목록을 모두 적어보고, 가격도 옆에 적습니다. 상품 목록 중에서 사고 싶은 것이 뭔지 우선순위를 매겨보고 들어가는 비용과 만족감(편익)을 고려해요. 어떤 것을 선택함으로써 포기해야 하는 것을 기회비용이라고 부릅니다. 선택의 편익이 기회비용보다 크도록 선택하는 것이 합리적 선택일 거예요. 그냥 눈에 띈다고, 재미있어 보인다고 사다 보면 꼭 필요하고 내게 비용 대비 만족감을 더 많이 줄 수 있는 상품을 소비하지 못할 수 있거든요. 재미있고 친근한 편의점, 합리적으로 소비해서 우리 지갑은 우리가 지켜요!

✦ 비스포크, 나만의 제품을 원하는 소비자들

대량생산의 시대에서 이젠 주문형 제작상품의 시대로 변하고 있는 것 같아요. 유행을 따르는 것 같기도 하지만, 조금은 차별화된 나만의 상품을 원한다고요.

요즘은 소비자들이 자신만의 개성을 살린 소비를 선호하는 경향이 있는 것 같아요. 여러분도 그런가요? 그래서인지 완제품을 만들지 않고 소비자가 원하는 방식으로 꾸밀 수 있게 해놓은 제품들이 눈에 띄더라고요. 저도 얼마 전 니트 천으로 된 가방을 샀는데, 가방에 자수 장식을 원하는 대로 해준다(bespoke; 맞춤생산)고 하더라고요. 여러 자수 모양 중 하나를 고르고, 실 색상도 선택해서 제가 원하는 대로 만들었답니다. 저도 이렇게 제게 맞춰 만든 가방은 좀더 특별한 것 같아 애착이 더 가더라고요.

이런 심리를 잘 활용해서 상품을 만들어 판매하는 것도 마케팅 전략 중 하나일 거예요. 경호와 기연이도 자신만의 방식으로 편의점 음식을 바꿔 소비했잖아요. 이렇게 기존에 나온 상품을 그대로 소비하지 않고, 자신만의 스타일로 변형해서 소비하는 소비자들을 모디슈머(modisumer)라고 부릅니다. 앞에서 기연이가 말했던 것처럼 모디슈머는 수정한다는 뜻의 '모디파이(modify)'와 소비자라는 뜻의 '컨슈머(consumer)'의 합성어예요. 요즘은 모디슈머를 적극적으로 권하는 방식의 마케팅도 있고요. 여러분이 상품을 개발해서 판매하려고 할 때 활용해보세요!

◆ 이런 소비자는 되지 말자

구매한 화장품을 거의 다 사용하고 환불해 달라던 아주머니들. 여러분도 보면서 화나지 않았나요? 그런데 기연이가 참 잘 대처했어요. 편의점, 백화점 등 매장뿐만 아니라 온라인 쇼핑몰에서도 주문했다가 반품하기를 반복하는 소비자들이 있대요. 책을 사서 얼른 보고 반품하는 경우도 있고 행사에 입을 만한 옷을 주문해 입고 나서 환불을 요구하기도 한다네요. 책도 읽은 것 같고, 옷도 착용한 티가 나는 경우가 많은데 어쩔 수 없이 환불처리를 해준대요. 이렇게 판매자나 기업을 상대로 부당한 이익을 얻기 위해서 고의적·악의적으로 보상을 요구하는 소비자를 블랙컨슈머(black consumer)라고 합니다.
우리는 이런 소비자가 되지 말아야겠죠?

기회비용
어떤 선택을 함으로써 포기해야 하는 대안들 중 가장 아쉬운 것의
가치

합리적 선택
만족감이 기회비용보다 큰 선택

백분율,
잘 이해하면 상품도 저렴해지지

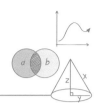

〈관련 교육과정〉

사회	수학
초등학교 사회4: 경제활동에서의 선택 **중학교 사회2**: 합리적 선택 **고등학교 통합사회**: 합리적 선택	**초등학교 수학6**: 비와 비례, 백분율 **중학교 수학1**: 문자와 식

　편의점에 가면 다양한 행사 상품들이 많아요. 1+1, 2+1처럼 묶어서 사면 할인받는 상품도 있고, 카드나 모바일 결제에 따라 더 저렴하게 사는 방법도 있죠. 마트에 가면 가끔 어떤 상품은 쿠폰을 주면 더 할인을 받기도 하죠. 쿠폰을 사용하면 정가보다 할인을 받아서 좋지만, 아무 쿠폰이나 사용한다고 할인율을 높일 수 없어요. 특히 고가

의 제품일수록 적절한 할인쿠폰을 사용하는 것이 중요해요. 1만 원에 20% 할인쿠폰을 적용하면 8천 원이지만, 100만 원에 20% 쿠폰을 적용하면 20만 원을 아낄 수 있지요. 잘 알아야 제대로 사용할 수 있는 쿠폰! 합리적인 쿠폰 사용법을 알아볼까요?

오늘도 기연이는 편의점에 들렀어요. 사촌동생들과 함께요. 2+1 하는 삼각김밥을 생각하며 사촌동생 두 명을 데려왔는데, 이럴 수가! 1+1 행사하던 치즈 스트링, 2+1 하던 삼각김밥 모두 행사가 종료된 거 있죠! 하지만 기연이에겐 쿠폰이 두 개 있었어요! 오늘까지 사용 가능한 쿠폰인데, 하나는 30% 할인, 다른 하나는 2,000원 할인쿠폰이래요. 두 쿠폰의 동시 적용은 안 된다고 하네요. 2,000원 할인쿠폰은 3,000원 이상 결제 시 사용 가능하고, 결제 한 건 당 쿠폰은 하나만 쓸 수 있대요. 기연이는 삼각김밥 3개, 치즈 스트링 3개, 컵라면 소컵 3개를 집었어요. 각 상품의 가격은 다음과 같아요.

삼각김밥(1개): 1,400원

치즈 스트링(1개): 1,500원

컵라면 소컵(1개): 1,000원

고른 상품을 한꺼번에 결제하면, 쿠폰을 하나만 사용해야 하고, 두 번에 나눠서 결제하면 쿠폰을 두 개 다 쓸 수 있어요. 어떻게 결제하는 게 좋을까요?

우선 한 번에 결제하는 경우를 생각해볼게요.

총 결제금액=(1,400+1,500+1,000)×3=11,700 (원)

11,700원의 30%는 3,510원 $\left(11,700\times\dfrac{30}{100}=3,510\right)$ 이에요. 한 번에 결제한다면 30% 할인쿠폰을 써서 3,510원을 할인받는 게 2,000원 할인쿠폰을 쓰는 것보다 유리하죠.

두 번에 나눠서 결제하면 이보다 더 큰 금액을 할인받을 수 있을까요? 2,000원 할인쿠폰은 3,000원 이상 결제 시 사용 가능하다고 했으니까 컵라면 소컵 3개(정가 3,000원)를 먼저 계산하면 2,000원을 할인받을 수 있어요. 8,700원이 나머지 결제 금액인데, 여기서 30%를 할인받으면 2,610원 할인받을 수 있어요. 먼저 2,000원 할인을 받고 2,610원 $\left(8,700\times\dfrac{30}{100}=2,610\right)$ 을 또 할인받으니 총 4,610원을 할인받을 수 있네요. 기연이는 두 번에 나눠서 결제하면서 두 개 쿠폰을 다 쓰는 게 유리하겠어요. 컵라면 소컵 3개 결제 시 2,000원 쿠폰을 쓰고, 나머지를 결제하면서 30% 할인쿠폰을 쓰는 거죠. 여러분도 쿠폰을 쓸 일이 있다면, 어떻게 사용하는 게 합리적일지 따져보세요!

수학 개념

백분율

백분율은 전체를 100으로 볼 때, 비교하고자 하는 양이 얼마인지 나타냅니다. '퍼센트'라고도 하고 '%'라는 기호로 표기하죠. 우리 집 면적이 100m²인데, 내 방의 면적이 30m²라면, 내 방 면적은 우리 집 면적의 30%라고 할 수 있어요. 그런데 만약 전체가 100이 아니라면 어떻게 할까요?

예를 들어 집 면적은 140m²인데 화장실 면적은 30m²라면 화장실 면적이 집 면적의 몇 %인지 어떻게 알아내죠? $\frac{30}{140}$이 화장실이 집 전체에서 차지하는 비율이 될 거예요. 그런데 전체를 100으로 보려면, 여기에 100을 곱해주면 됩니다. 즉, $\frac{30}{140} \times 100$ ≒21.4로요. 집 면적인 140m²을 100으로 볼 때, 화장실 면적은 21.4라는 뜻이에요. 백분율을 활용하면 수학을 더 깊게 이해할 수 있어요.

4장

막상 일해보니
세상이 달리 보여

직접 해봐야 알 수 있는
청소년 노동

오늘은 학원 쉬는 날. 오랜만에 여유로운 하굣길이다. 기연이와 두런두런 이야기하며 봄날의 향기를 즐기며 걸었다. 우리의 참새 방앗간 행복편의점이다. 새로 들어온 상품은 없나 구경하려고 들어서는데 문에 붙은 구인 광고가 눈에 들어왔다.

알바 구함

화 목 5시~7시

월요일부터 금요일까지 3시에서 9시까지 하루 여섯 시간씩 근무하는 찬이 오빠가 화, 목 5~7시엔 중학생 과외를 하게 되어 자리가 난 거다.

기연 나 여기 지원해봐야겠다!

유진 네가?

기연 응! 학교 끝나자마자 오면 4시. 뭐, 좀 일찍 와서 찬이 오빠 일도 좀 돕고 더 친해질 수도 있잖아.

유진 오, 역시. 어쩐지. 갑자기 알바 하고 싶은 이유가 뭔가 했지!

기연 오빠도 보고 돈도 벌고 경험도 되고. 꿩 먹고 알 먹고. 일석삼조. 좋잖아?

유진 근데 우리도 할 수 있는 거니?

기연 안 될 거 없지 않나?

'중학생도 알바를 할 수 있나?' 내 주변에 알바하는 친구를 본 적이 없었기에 가능한가 싶었다.

중학생이 일하는 게 이리 어려울 줄이야

"검색해보면 되지!"

기연이는 이미 스마트폰 화면을 쓱쓱 넘기며 검색하고 있었다.

기연 휴…. 가능하긴 한데….

유진 왜? 가능하다며. 무슨 문제 있어?

기연 생일이 안 지나서 말이지.

유진 생일?

기연 응, 만 15세 이상은 부모님 동의만 받으면 간단한데, 만 13~15세는 취직인허증이란 게 필요하다네?

청소년 아르바이트 가능 연령

만 13세 미만: 예술공연에 참가하는 경우에만 아르바이트 가능

만 13세 이상~만 15세 미만: 가족관계증명서, 법정후견인(부모님/친권자/후견인) 동의서, 지방고용노동청에서 발급받은 취직인허증 제출 필수, 근로계약서 작성 필수

만 15세 이상~만 18세 미만: 가족관계증명서, 법정후견인(부모님/친권자/후견인) 동의서, 근로계약서 작성 필수

우린 취직인허증을 어떻게 발급받아야 하는지 찾아봤다. 고용노동청 누리집을 보니, 부모님 동의뿐 아니라 학교 교장선생님 의견까지 받아야 했다. 게다가 고용할 사용자의 정보까

지 적게 되어있다니! 휴… 어렵겠군. 알바 자리를 놓치지 않으려면 빨리 움직여야 했다.

첫 번째, 부모님 동의서 받기. 기연이는 당장 부모님께 톡을 보냈고, 기연이 엄마는 바로 오케이 하셨다. 우리 엄마도 이렇게 흔쾌히 동의해주실까? 위험하다, 공부 시간 빼앗긴다, 하실 것 같은 예감. 뭐, 나는 알바를 꼭 하고 싶은 건 아니니까. 기연이가 하는 걸 보면서 대리만족하기로. 두 번째, 교장선생님 의견 받기. 바로 교장선생님께 찾아갈 순 없잖아? 어떻게 받아야 하지?

"나영 샘께 부탁드리자!"

기연이는 그날 저녁 엄마께 동의서를 받고, 다음 날 아침 등교하자마자 나영 샘과 상의했다.

일하면 배울 수 있는 게 많아

나영 샘 기연이가 알바를 하겠다고?

기연 네. 하고 싶어요. 선생님도 아시죠? 행복편의점.

나영 샘 응, 알지. 시간은 언제야?

기연 화, 목 5~7시요.

나영 샘 음, 그래 일주일에 두 번 두 시간씩이면 그렇게 힘들 진 않겠네.

기연 교장샘 의견 받아주실 수 있죠?

나영 샘 말씀드려볼게. 근데 왜 알바가 하고 싶어진 거야?

기연 경험도 되고 돈도 벌고….

유진 좋아하는 오빠도 보고요!

기연이가 대답하고 있는데 나도 모르게 알바 오빠 얘기가 툭 나와버렸다.

나영 샘 오빠?

유진 거기에….

기연 아니에요. 거기서 배울 수 있는 게 많을 것 같아서요.

나영 샘은 알겠다는 듯 미소지으며 고개를 끄덕이셨다.
점심시간, 나영 샘이 우릴 찾으셨다. 교장선생님은 위험한 일이 생기지 않겠냐며 반대하신다는 것. 음, 난관이다. 우린 직접 교장선생님을 찾았다.

기연 일해서 돈 버는 기쁨을 느껴보고 싶어요.

유진 노동의 가치를 경험하는 거죠!

기연 위급한 상황이 벌어지면 편의점 포스기에서 바로 긴급 알림 할 수 있어서 안전하대요!

우리는 교장선생님을 설득했고, 허락을 받았다. 편의점 점장님의 면접을 무난히 통과하고, 지방고용노동청에 취직인허증을 신청했다. 두근두근. 3일 후, 취직인허증을 수령했다! 야호!

기연이는 당장 편의점으로 고고씽.

"사장님~ 여기 취직인허증이요! 부모님 동의서, 가족관계 증명서도 여기 있어요!"

기연이는 고용계약서를 쓰고, 드디어 알바를 시작했다.

사는 사람과 파는 사람의 시선은 다르더라

알바가 있는 날이면 기연이는 종례를 마치자마자 행복편의점으로 달려간다. 도착하면 4시. 근무 시간은 5시부터지만, 1시간 동안은 찬이 오빠한테 일을 배운다. 포스기 작동법, 매장 상품 진열하는 방법 등등.

"오빠, 카드나 현금 한 종류로만 계산하면 좋겠어요! 혼합 결제 어려워요."

요즘은 다양한 결제 수단이 있다. 교통카드에 남은 잔액과 현금을 함께 사용하기도 하고, 모바일 상품권과 체크카드를 함께 사용하기도 한다.

"처음엔 헷갈려. 나도 그랬는걸."

기연이가 몇 번씩 물어도 찬이 오빠는 차근차근 알려준다. 몇 번이고 반복해서. 기연이는 아예 찬이 오빠가 설명하는 모습을 휴대폰 동영상으로 찍어두었다. 잊어버리면 보려고. 이젠 어렵던 혼합 결제도 제법 익숙해졌다. 오후 5시가 되면 찬이 오빠가 과외하러 가고, 기연이 혼자 남는다. 나를 포함한 친구들이 편의점에 들르는 학원 쉬는 시간은 7시. 우리가 가면 기연이도 우리와 함께 편의점 손님이 된다.

기연이가 근무하는 오후 5~7시는 한가한 편이다. 이 시간에 하는 중요한 일은 소비기한 지난 신선식품 폐기. 과일, 샌드위치, 생크림 케이크, 도시락 등, 버려지는 상품들을 보면 아깝기도 하다. 매일 이렇게 남으니, 발주를 줄여야 하지 않을까? 점장님께 건의해볼까? 이런저런 생각을 하던 찰나 '띠링~ 띠링~' 편의점 문 여는 소리가 났다. 이 시간대에 자주 오는 꼬마 손님. 초등학교 2~3학년 정도 되어 보이는 여자아이다. 그 아이는 편의점 물건을 이것저것 구경한다. 배가 고픈 눈치인데, 선뜻 뭘 고르진 않는다. 기연이는 시간이 지난 신선식품을 빼는 중이다. 인기 있어서 평소에는 잘 남지 않는 삼각김밥이 하나 남았다. 불고기 삼각김밥.

"저… 저… 언니. 저, 그거 주시면 안 되나요?"

꼬마 손님이 기연이에게 다가와서 물었다. 기연이는 손에 든 삼각김밥과 꼬마 손님의 얼굴을 번갈아 봤다. 줘도 될까? 소비기한이 막 지난 삼각김밥이니 상했을 리는 없지 않은가. 그래도 혹시 먹고 탈이라도 나면 어쩌지? 꼬마가 기연이에게 손을 내밀었다. 어라, 살짝 올라간 소매 끝에 비친 팔에 거뭇한 흔적이 보인다. 뭐지? 고민하던 기연이는 새로 들어온 삼각김밥을 꺼내 꼬마에게 내밀었다.

"언니가 사줄게."

"아니에요. 괜찮아요. 언니 버리는 걸로…."

"아니야. 괜찮아. 언니가 주고 싶어. 주스도 하나 줄게."

기연이는 초등학생들에게 인기 많은 망고주스를 하나 빼 들었다.

"저기 취식코너 가서 같이 먹을까?"

기연이는 꼬마 손님과 편의점 창가 취식코너에 앉았다.

"천천히 먹어."

꼬마는 삼각김밥 비닐을 까는 방법을 잘 모르는지 벗기는 곳을 계속 찾고 있다.

"언니가 해줄까?"

꼬마 손에서 삼각김밥을 전해 받으려는 순간, 기연이는 보고 말았다. 올라간 소매에서 보랏빛 멍을. 혹시, 설마. 비닐 벗긴 삼각김밥을 꼬마 손에 쥐어 주니 꼬마가 한 입 베어 물고 오물오물 씹는다. 주스도 한 모금 꿀꺽 삼킨다. 기연이는 꼬마가 먹는 모습을 지켜봤다.

"맛있어?"

"네."

"이름이 뭐야?"

"주은이요."

아이를 구하는 편의점, 들어봤어?

"응, 주은아. 무지개 초등학교 다니니?"

"네. 4학년이에요."

체구가 작아 2~3학년으로 봤었다. 뭐라고 물어야 할지 고민하는데, 삼각김밥을 다 먹은 꼬마는 집에 가겠다고 했다.

"저 갈게요. 감사해요."

"그래. 또 와."

"다음엔 버리는 걸로 주세요."

"그래. 그럴게."

그렇게 보내고, 기연이는 여러 생각에 잠겼다. 설마, 아니겠지. 이틀 후 목요일. 같은 시간 편의점에 다시 찾아온 주은이. 기연이는 이번엔 놓치고 싶지 않았다.

"주은아, 여기."

기연이는 미리 준비해둔 삼각김밥을 주은이에게 내밀었다.

"버리는 거 맞아요?"

"응. 맞아."

미리 빼둔 새로 들어온 삼각김밥.

"고마워요. 언니."

웃으며 말하는 주은이의 목에 멍자국이 보였다. 기연이는 주은이와 함께 취식코너에 앉아 주은이를 살펴봤다. 다 먹은 주은이가 집에 가려고 할 때, 물었다.

"잠시만. 주은아."

"네?"

"저기 너 목에."

기연이 말에 주은이는 목을 손으로 감쌌다.

기연이가 주은이의 손등을 잡고 내리자 주은이 눈에 눈물이 고였다.

"얘기해줘. 괜찮아."

"엄마가…."

주은이 말에 의하면 엄마가 술에 취해 목을 졸랐다는 것. 어쩌다 그랬을까. 가슴이 먹먹했다.

"그래도, 엄마 좋아요."

그래도 이건 아니다. 기연이는 포스기 긴급버튼을 눌렀다. 주은이는 엄마가 술을 마시면 종종 그런다고 했다. 잠시 후 경찰이 도착했고, 기연이는 주은이의 사정을 얘기했다. 아무리 엄마가 좋아도, 아이에게 위험하면 안 된다. 엄마가 다시 건강하게 주은이를 돌봐주기 전까지. 그 후 주은이는 보호시설에서 지낼 수 있게 되었다. 이따금씩 행복편의점에 찾아오는 주은이. 한층 밝아진 모습이다. 일주일에 한 번씩 엄마를 만나는데, 엄마 상태가 많이 좋아지셨다는 이야기를 전해 들었다.

아이스크림 발주도 만만한 일이 아냐

날이 더워지기 시작하니 초등학교 아이들부터, 동네 어르

신들까지 아이스크림을 이전보다 많이 찾는다. '띠링~' 문소리
와 함께 요사이 자주 찾아오는 동네 아저씨가 들어온다. 40대
는 되어 보이는데, 매일 오후 시간에 들러서 팥아이스크림 비
바빅을 찾는다.

"비바빅 다 나갔어요?"

"없나요?"

기연이는 아이스크림 재고를 확인했다.

"네, 없네요. 어쩌죠? 요즘 딸기통통소르베 엄청 인기인데
그거 어떠세요?"

"에구, 나 신 거 싫은데?"

"시긴요. 이건 상큼하니 맛있어요."

"그래요? 학생이 친절하게 추천하니 한 번 먹어볼게요."

아저씨는 딸기통통소르베를 계산하고, 바로 뚜껑을 열더
니, 스푼도 없이 바로 입으로 가져가 한입 베어 물었다.

"오…. 오…."

맛있는지 엄지를 들어 보인다. 기연이는 반달눈이 돼서는
함께 엄지척. 아저씨가 가고 나서 기연이는 매출 장부를 들여
다봤다. 확실히 아이스크림 종류의 매출이 지난달 같은 시기
보다 30% 정도 늘었다.

종류를 보니 딸기통통소르베는 20% 상승. 인기 있는 건 맞

는데, 가격대가 있다 보니 매출이 다른 것에 비해 많이 늘진 못했다. 비바빅은 40% 상승. 아마도 방금 다녀간 아저씨의 영향이 있는 것 같아. 매일 봉지에 10개씩이나 담아 사가곤 했으니까. 멜론 맛 아이스크림은 25% 상승. 기연이는 차츰 더 더워질 테니 아이스크림 수요가 더 늘 수 있다고 판단했다. 기연이는 매출 장부를 보다가 사장님과 상의해 아이스크림 발주를 늘리려는데, 고민됐다. 좀더 비싼 딸기통통소르베를 더 많이 발주해서 진열하면 고객들이 더 살 것 같았다. 비싼 상품이 많이 팔리면 편의점에 이익일 테니까. 그런데 실제로 비바빅의 매출은 딸기통통소르베보다 20%가 높았다. 가격이 저렴해도 많이 팔리면 딸기통통소르베 판매로 보는 이익과 비슷해보였다. 기연이는 갑자기 궁금해졌다. '도대체 아이스크림을 어떻게 발주해야 편의점에 이익일까?'

노동,
돈과 상품이 흐르게 만드는 필수 조건

이제까지 뭘 배웠는지 한번 떠올려볼까요? 1장에서 배운 마케팅은 물건을 진열하고 어떻게 판매할지에 관한 이야기였어요. 2장에서는 어떤 상품이 얼마나 팔릴지 예측하는 내용이었죠. 3장에서는 소비자에 대해 배웠어요. 흐름을 보면 경제경영학에서는 상품과 소비자만 다루는 것 같아요. 하지만 돈과 상품이 흐르려면 사람이 필요합니다. 정확하게는 노동이 있어야 하죠. 편의점에서의 노동을 생각하면 아르바이트가 떠오를 거예요. 청소년들이 많이 접하는 일이기도 하고요.

여러분은 아르바이트를 해본 적 있나요? 일을 시작하기 전에 알아야 할 것들을 얘기해 볼게요.

✦ 꼭 필요한 서류

나이에 따라 필요한 서류가 달라요. 만 15세 이상이면 부모님 동의서와 함께 가족관계증명서가 필요해요. 기연이처럼 아직 만 15세가 안 되었다면(만 13세~만 14세), 지방고용노동청에서 발급받은 취직인허증이 추가로 필요하고요. 만 13세 미만은 예술공연 참가 알바만 가능합니다.

✦ 고용계약서는 법적인 약속

고용계약서는 꼭 작성해야 해요. 여러분으로서는 "내가 이만큼 일하면 사장님이 얼마를 주기로 했다"라는 약속을, 사장님으로서는 "내가 급여를 지급하는 대신 여러분이 이런 노동을 성실히 제공하기로 했다"라는 법적 근거를 마련하는 것이거든요. 이 계약서에는 임금과 임금 지급일 및 지급방식, 근무 시간, 업무 내용, 휴일·연차·유급휴가(급여를 주는 휴가가 1년에 얼마나 있는지), 사회보험(산재보험, 고용보험, 국민연금, 건강보험) 적용 여부가 꼭 포함되어야 합니다. 두 부 작성해서 고용주와 알바생이 한 부씩 나눠 갖거나, 한 부만 작성했다면 복사본을 꼭 챙겨두세요.

✦ 청소년도 어른도 최저임금은 같아요

편의점, 공연장, 영화관, 주유소 등에서의 시간제 근무부터 전단지를 나눠주는 일까지 청소년이 할 수 있는 알바는 많아요. 청소년 유해업소(유흥업소, 만화방, 노래방, 주류를 중점으로 파는 카페 등)에서는 할 수 없고요. 안전한 근로 장소인지 꼭 확인해야 합니다! 그러면 알바비는 얼마나 받으면 될까요? 청소년도 어른과 동일한 최저임금을 받아요. 최저임금은 "적어도 얼마 이상은 꼭 줘야 해"라고 나라에서 정해둔 것이거든요. 2024년 최저임금은 시간당 9,860원입니다. 만약 최저임금보다 낮은 임금을 주기로 근로계약을 했다면 무효입니다.

✦ 문화상품권이나 물건은 알바비가 아냐

알바비는 현금으로 한 번에, 정해진 날짜에 받아야 합니다. 문화상품권이나 물건 등 대체품으로 지급하면 안 되고, 반드시 현금을 직접, 혹은 계좌이체로 받아야 해요. 만약 약속한 일을 다 했는데도 임금을 주지 않으면 고용노동부 민원마당 누리집에서 임금체불진정서를 신청한 뒤 가까운 고용노동청에 신고해서 도움을 받을 수 있어요.

결근 없이 주 15시간 일하면 유급휴일(임금을 주는 휴일)을 줘야 하거든요. 이 유급휴일에 주는 임금을 주휴수당이라고 불러요. 주 15시간 이상 일하고 있다면 주휴수당이 포함되어 있는지 꼭 확인하세요.

공급,
가격과 팔고자 하는 양의 대응 관계

〈관련 교육과정〉

사회	수학
초등학교 사회6: 경제주체의 경제활동 **중학교 사회2**: 시장과 가격 **고등학교 통합사회**: 시장과 경제활동	**초등학교 수학4**: 규칙과 대응 **중학교 수학3**: 일차함수와 그래프 **고등학교 수학1**: 함수와 그래프 **고등학교 경제수학**: 수요함수와 공급함수

이번 시간에는 공급에 대해 알아볼게요. 대부분 물건을 파는 경우 사람들이 다 살 거라 생각하지만, 사람들의 구매는 생각보다 가격에 큰 영향을 받죠. 물건 가격에 영향을 주는 요인에는 수요도 있지만, 공급도 함께 고민해야 합니다. 아이스크림 사례를 통해 공급이 어떻게 이루어지는지 알아볼까요?

어떤 외딴 마을에 아이스크림을 팔고자 하는 사람은 경호와 유진이 둘만 있어요. 이 마을은 다른 마을과는 거래하지 않는다고 해요. 일주일 동안 경호와 유진이의 아이스크림 가격에 따른 팔고자 하는 양은 다음과 같아요. 공급자들이 특정 가격에서 팔고자 하는 상품의 양을 '공급량'이라고 말해요.

〈경호의 가격에 따른 공급량〉

가격(천 원)	0	1	2	3
공급량(개)	0	2	4	6

〈유진이의 가격에 따른 공급량〉

가격(천 원)	0	1	2	3
공급량(개)	0	1.5	3	4.5

두 사람 모두 가격이 비쌀수록 많이 팔려고 하죠? 가격이 비쌀수록 한 개를 팔아서 벌 수 있는 돈이 많아지기 때문에 가격이 오를수록 많이 팔려는 거예요. 이 두 친구의 아이스크림 가격을 P, 공급량을 Q라고 하고 가격과 공급량의 대응 관계를 식으로 나타내볼까요? 가격과 수요량은 규칙적으로(일정한 비율로) 변한다고 합시다.

경호의 가격과 공급량의 대응 관계: $Q_{경호}=2p$

유진이의 가격과 공급량의 대응 관계: $Q_{유진}=1.5p$

일정 기간의 가격과 공급량의 대응 관계를 '공급'이라 하고, 이를 그래프로 나타낸 것을 '공급곡선'이라고 불러요. 공급자마다 어떤 상품에 대한 공급은 달라요. 그럼 이 마을 전체의 아이스크림 공급은 어떻게 나타날까요? 이 마을엔 아이스크림을 팔고자 하는 사람이 둘밖에 없으니, 둘의 공급을 합하면 됩니다. 이렇게 구한 것을 아이스크림의 시장공급이라고 합니다.

〈아이스크림의 시장가격에 따른 공급량〉

가격(천 원)	0	1	2	3
공급량(개)	0	3.5	7	10.5

아이스크림의 시장공급: $Q_s=3.5p$

우리 그럼 아이스크림의 시장공급을 그래프로 표현해 볼까요? 가격에 따른 공급량이니까 가격을 가로축에 써야 하는데, 경제학에서는 공급에 대한 그래프를 그릴 때 가로축과 세로축을 바꿔서 그려요.

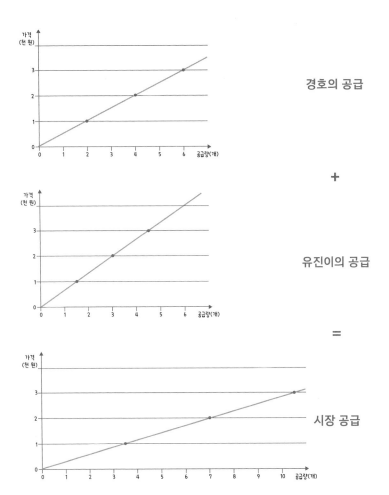

경호의 공급

+

유진이의 공급

=

시장 공급

111

공급곡선은 가격에 따라 아이스크림의 공급량이 어떻게 변화하는지(가격과 공급량의 대응 관계) 보여줍니다. 가격이 상승할 때 공급량도 늘어나고, 가격이 하락할 때 공급량도 하락하므로 그래프가 오른쪽으로 올라가는 형태를 띠게 됩니다. 여러분 주변에서 가격과 공급량처럼 규칙적으로 대응하는 사례를 찾아보세요!

경제 개념

공급량
(일정한 기간) 특정 가격에서 팔고자 하는 양
공급
(일정한 기간) 각 가격과 공급량 사이의 대응 관계
공급과 공급량을 수학적으로 표현하면?
공급함수를 $Q_s = ap + b$라고 해볼게요. 가격 1,000원일 때 공급량은 함숫값 $f(1,000)$, 즉 $1,000a + b$입니다. 공급량은 특정 가격에서 팔고자 하는 양인 함숫값이고, 공급은 가격과 공급량의 대응 관계인 공급함수 그 자체를 말해요.

5장

우리가 무인편의점을
이길 수 있을까
일단 가격 할인부터
해보자

행복편의점 바로 건너편 건물에 무인편의점이 들어섰다.
이게 웬일. 학원 아이들도 무인편의점으로 대거 이동. 우리의
아지트 행복편의점의 운영이 점점 어려워진다고 들었다. 찬이
오빠와 친해지지 않았다면, 그다지 신경 쓰지 않았을 거다. 우
리도 무인편의점을 이용했을 수도 있고. 행복편의점이 붐비
지 않으니 더 좋다고 느꼈을지도 모른다. 하지만 찬이 오빠와
친해지고 나서는 행복편의점에 대한 주인의식이 생겼다고나
할까?

기연이는 알바를 시작하면서부터 찬이 오빠와 급속도로
친해졌다. 아니, 찬이 오빠는 우리 모두와 친해졌다. 오빠는 연
희대학교 작곡과 2학년이라고 했다. 현재는 유학을 준비하고

있는데, 미술도 너무 좋아해서 배워보고 싶다고 했다. 작년까지는 부모님이 학비를 대주실 거라고 기대했는데, 아버지 사업이 잘 안돼서 오빠가 직접 유학비를 마련해야 한단다. 행복편의점은 다른 편의점과 달리 기본으로 받는 시급과 별도로 매출에 비례해서 성과급을 준다기에 여기를 선택한 거라고. 다행히 그동안 행복편의점 근처에 다른 편의점이 없어서 학원 친구들도 대체로 이곳을 이용했다. 그런데 어느 날 행복편의점 바로 앞에 무인편의점이 생긴 거다.

할인하면 손님이 몰릴 줄 알았지

무인으로 운영되는 편의점. 뭔가 색다르고 신기하지 않은가. 우리도 궁금해서 들어가 구경하고 나왔다. 뭐랄까. 상품을 마음껏 구경하고, 골라서 키오스크에서 계산하면 된다. 음식점 키오스크는 여러 곳에서 보고 이용해봤지만, 이렇게 완전히 무인으로만 운영되는 가게는 처음이라 신기했다. 게다가 화이트보드를 가져다 두고 거기 원하는 상품을 적으면 다음에 입고시켜준단다. 학원 친구들도 누구는 무슨 과자를 신청했는데 3일 만에 왔다는 등 얘기를 했다. 우린 무인편의점의 장점과 단점을 파악하고, 그에 대응해서 경쟁에서 살아남는 전략을 모색해야 했다. 우리가 메모해본 무인편의점과 행복편의점의 장점과 단점이다.

	무인편의점	행복편의점
장점	· 새롭다. · (눈치 안 보고) 마음껏 구경하고 만질 수 있다. · 화이트보드에 입고를 원하는 상품을 신청할 수 있다. · 1+1, 2+1 행사가 다양하다.	· 익숙하다. · 셀프 결제를 하지 않아도 된다. · 셀프 요리바가 있다. · 앉아서 먹을 수 있는 자리가 있다.
단점	· 셀프 결제에 익숙하지 않은 경우 결제가 어려울 수 있다. · 앉아서 먹을 자리가 없다.	· 새롭지 않다. · 1+1, 2+1 행사가 적다.

무인편의점, 앉아서 먹을 수 있는 자리가 없는 단점. 그 외에 큰 단점은 별로 없어 보였다. 셀프 결제는 할머니, 할아버지들께는 어려울 수 있지만, 우리 같은 청소년들은 재밌어할 것 같기도 했다. 가장 큰 장점은 눈치 안 보고 맘껏 구경하기 좋다는 것. 그리고 사고 싶은 물품을 화이트보드에 적어 신청하는 것도 대체로 재밌어하는 것 같았다. 물품신청 화이트보드, 그거야 우리도 만들 수 있지 않나? 그래서 우리도 화이트보드를

만들기로 했다.

또 하나 더 추가하면 우리도 1+1, 2+1 행사 품목을 늘려야 겠다는 생각! 꼭 필요하지 않아도 1+1, 2+1이라고 하면 안 사면 손해라는 생각이 들지 않나. 나만 해도 좋아하는 아이스크림을 1+1 행사로 팔 때면 꼭 사 먹는다. 한동안 연일 아이스크림을 1+1 행사로 판매하는 바람에 매일 사 먹다가 살이 올랐을 정도다. 그럼 어떤 품목으로 1+1, 2+1 행사를 해야 할까? 무인편의점에서 행사하는 품목이 뭔지 조사하고, 우리는 그 품목에 다른 제품도 몇 가지 추가하기로 했다.

편의점 사장님은 찬이 오빠에게 어떻게 해서든 이익을 많이 남겨보라고 하시면서, 행사 품목에 대한 권한을 주셨단다. 그렇게 2주가 지났다. 우린 무인편의점보다 행복편의점이 더 많은 행사를 하니 행복편의점으로 오라고 주변 사람들에게 홍보했다. 우린 돌아가면서 이틀에 한 번씩 무인편의점의 행사 품목을 조사하고 행복편의점 할인 행사 품목을 그보다 더 늘렸다. 그런데 어느 순간 보니 무인편의점에서도 행복편의점 할인 행사 품목을 조사해서 그에 맞춰가고 있었다. 서로 상대보다 조금 더 많은 할인 품목. 또 2+1보다는 1+1으로! 이게 바로 피 터지는 가격할인 경쟁인 건가?

이렇게 망할 순 없으니 방법을 찾자

한 달이 지난 시점, 우리는 모여서 회의를 했다. 먼저 찬이 오빠가 입을 열었다.

"얘들아, 한 달간 우리 열심히 가격할인 행사를 했지. 도와 줘서 고마워."

그런데 어쩐지 찬이 오빠의 표정이 밝지만은 않았다.

지원 오빠, 근데 무슨 걱정 있어요?

찬 아, 그게. 매출액이 줄어든 거 있지.

지원 네? 그게 무슨 말이에요?

기연 더 많이 팔리지 않았어요?

찬 응. 생각해봐. 매출액은 가격×판매량이거든.

경호 아, 1,000원짜리 아이스크림이 원래 10개 팔렸다고 하면 10,000원이 매출액인 거죠. 그런데 우리가 반값으로 할인해서 500원이 되었는데, 판매량은 5개만 늘어서 15개가 되면 매출액은 7,500원으로 줄어드네요!

찬 게다가 이윤도 줄었어. 이윤이 진짜 이익이거든.

기연 네?

찬 1,000원짜리 아이스크림을 10개 팔면 10,000원을 손님에게 받지만 그게 내 이익은 아니거든.

유진 아, 비용!

찬　맞아. 비용을 빼줘야 해. 만약에 아이스크림 들여오는 데 비용이 하나에 300원이었다면, 아이스크림 1개 팔 때마다 1,000원-300원=700원, 700원씩 이윤이 생기는 거야. 그래서 10개 팔면 7,000원의 이윤이 생기는 거고.

유진 가격할인을 더 심하게 하다가 가격이 비용보다도 낮아지면 완전 손해 보는 장사를 하겠는데요?

찬　그래 맞아.

기연 서로 가격할인으로 경쟁하려 한 건 실수! 였네요!

근심 가득한 찬이 오빠를 보며 기연이는 애써 쾌활한 표정으로 이어서 말했다.

차라리 회사에서 가격을 정해서 보내주면 좋으련만, 요즘 판매하는 아이스크림엔 회사에서 매긴 가격이 없다. 가게에서 정해야 하는 것. 인기 있는 아이스크림 리스트를 뽑았다. 우리가 납품받는 가격은 아이스크림 종류마다 달랐다. 바 종류는 300원~500원, 콘 종류는 600~700원, 프리미엄 라인은 900원~1,000원.

"아이스크림 가격, 얼마가 적당할까?"

경호가 편의점 화이트보드를 가져와서 제목을 쓰듯 적으며 혼잣말처럼 말했다.

"편의점에 들어오는 가격보다는 비싸게 받아야 해. 손해 보고 장사할 수는 없으니까."

내가 입술을 잘근잘근 깨물며 말했다.

"주 고객인 우리 또래 친구들이 얼마까지 가격을 지불할 의향이 있는지도 중요해."

"그치. 지불할 의향이 있는 가격보다 높으면 안 살 테니까."

기연이와 찬이 오빠의 말에, 경호가 화이트보드에 '수요 조사'라고 적으며 말했다.

"수요 조사를 해보자. 각 아이스크림에 얼마까지 지불하고자 하는지!"

"그래, 좋았어. 설문지는 내가 좀 잘 만들어."

준우는 설문지를 어떻게 구성해야 제대로 된 답변이 나오는지 심리학적으로 분석했다며 본인이 만들겠다고 했다. 질문 순서와 묻는 방식도 중요하다나? 심리학을 알면 생활에 유용할 것 같긴 하다. 설문지 내용은 인기 아이스크림 5종에 대해 각자 얼마만큼의 만족을 느끼고, 얼마까지 지불할 의향이 있는지 적는 것이었다. 구글 설문지 링크를 QR코드로 만들어 계산대 옆, 그리고 편의점 유리문에 붙여두었다. 이건 경호의 아이디어다. 참여한 사람들에게 아이스크림 기프티콘도 선물했다. 이번에도 사장님이 협찬해주셨다. 300명의 응답을 받기로 했고, 3일간 진행할 예정이었는데 기프티콘의 위력 때문인지 단 3시간 만에 끝났다. 참여 인원을 늘려달라는 아우성과 함께.

설문 결과를 분석했다. 설문에 응한 사람들마다 아이스크림에 대한 만족감의 정도가 다르니, 최대로 지불하고자 하는 가격도 상이했다. 그럼 어느 정도로 가격을 매겨야 가장 이익이 많이 남을까. 각 가격에서 사 먹고자 하는 사람들이 몇 명이 되는지 적었다. 아이스크림 5종 중 가장 인기가 많은 '딸기통통소르베'는 다음과 같이 분석되었다.

가격(원)	수요량(개)
600	300
800	280
1,000	230
1,200	200
1,400	150
1,600	80
1,800	50

많이 팔면서 더 벌기 위한 아이디어

딸기통통소르베가 편의점에 들어오는 가격은 900원. 900원이 비용인 셈이다. 그러니 판매가격이 900원보다는 비싸야 한다. 만약 판매가격을 600원으로 정하면 하나 팔릴 때마다 300원씩 손실, 판매가격을 800원으로 정하면 하나 팔릴 때마다 100원씩 손실이니까. 이건 따져볼 필요가 없다. 1,000원 이상 가격에서 어떤 가격이 가장 이익이 많이 나는지 따져봤다.

1,000원일 때가 가장 많이 팔리고 1,200원일 때 판매수입은 가장 많다. 하지만, 판매수입에서 비용을 뺀 진짜 이익인 이윤은 1,400원일 때 가장 높다.

가격이 1,000원이라면, 하나 팔릴 때마다 100원씩 남는데

가격(원)	수요량(개) : 판매량	판매수입(원) : 가격×수요량	비용(원) : 납품가격×수요량	이윤(원) : 판매수입-비용
1,000	230	230,000	207,000	23,000
1,200	200	240,000	180,000	60,000
1,400	150	210,000	135,000	75,000
1,600	80	128,000	72,000	56,000
1,800	50	90,000	45,000	45,000

230개가 팔린다. 그럼 이윤은 23,000원이 된다. 가격이 1,200원이라면 하나당 300원씩 남고, 200개가 팔리므로 이윤은 60,000원. 가격이 1,400원일 땐 이윤이 75,000원이니까, 만약 우리 편의점만 있다면 1,400원으로 정하면 된다. 그런데 무인편의점 가격이 어떤지 조사가 필요했다. 그쪽에서 만약 900원 이하로 판매하고 있다면 우린 판매하지 않는 편이 나을지 모른다.

피치바의 경우, 우리가 들여오는 가격이 400원인데 무인편의점에서 300원에 팔고 있기에 우린 들여오지 않기로 했다. 딸기통통소르베의 경우, 무인편의점 판매가격이 1,200원이었다. 함께 1,400원으로 정하면 좋지만 그럴 수는 없다. 1,200원보다 조금 싼 1,100원으로 하면 좋겠는데, 우리가 1,100원으로 정하면 무인편의점은 그보다 또 가격을 더 내릴 거고. 그러다 보면 또다시 무한 가격 경쟁으로 돌입하게 될 터였다. 우린 무인편의점과 같은 1,200원으로 가격을 정했다.

나영 샘의 경제경영학 미니 강의⑥

가격,
수요와 공급의 상호작용

시장은 사려는 사람과 팔려는 사람이 만나서 거래가 이루어지는 곳이에요. 사고팔 땐 가격이 있겠죠. 가격은 어느 정도가 적정할까요? 먼저 파는 사람 입장에서는 생산비용보다는 비싸게 받고 싶을 거예요. 사는 사람 입장에서는 자신이 상품을 소비했을 때 얻는 만족감보다는 낮아야 하고요. 그럼 가격은 공급자의 비용과 수요자의 만족감(만족감을 돈으로 환산한 정도: 만족감까지 최대한 지불할 의향이 있다고 해서 '지불의향가격'이라고 불러요) 사이에서 결정될 거예요. 행복편의점 친구들도 들여오는 비용을 따져서 그보다는 높고, 또 수요 조사를 통해 사람들의 지불의향가격보다는 낮은 수준에서 결정하고자 했잖아요!

✦ 균형가격, 남지도 않고 모자라지도 않아

어느 가격이 적정한지 처음부터 알기 어려워요. 만약 어떤 가격에서 팔고자 하는 양이 사고자 하는 양보다 많다면, 물건이 남아요. 그럼 가격을 낮춰서라도 팔려고 하겠지요. 그럼 가격은 낮아집니다. 어떤 가격에서 사고자 하는 양이 팔려는 양보다 많다면, 물건이 모자라죠. 그럼 사고자 하는 수요자들은 내가 가격을 더 줄 테니 내게 팔라고 하겠죠. 그럼 가격은 올라가게 됩니다. 이런 과정을 통해서 남지도 모자라지도 않는 가격을 찾게 되는 거예요. 그런 다음에는 그 상태로 머무르려 하게 되고요. 이 가격을 균형가격이라고 부르고, 이 가격에서 거래되는 양을 균형거래량이라고 합니다.

다른 요인의 변화가 없으면 균형가격에서 안정적으로 머물러 있어요. 그런데 수요나 공급에 변화요인이 생기면 균형가격도 변하게 됩니다. 기호, 소득, 연관상품(대체재나 보완재) 가격 등이 변하면 수요자들의 사고자 하는 계획인 수요가 변합니다. 생산요소 가격(원자재 가격, 임금, 임대료, 이자율 등)이나 생산기술 등이 변화하면 공급자들의 팔고자 하는 계획인 공급이 변하고요. 이처럼 수요나 공급이 변동하면 균형가격도 변하게 됩니다.

✦ 매출과 이윤은 다르다

판매수입은 판매자가 소비자로부터 받은 돈을 말해요. 1,000원짜리 아이스크림을 5개 팔면, 판매자는 소비자로부터 5,000원을 받게 됩니다. 이 5,000원을 판매수입, 혹은 매출액이라고 불러요. 하지만 이 돈은 판매자가 진짜로 얻은 이익은 아닙니다. 생산할 때 비용이 들었을 테니까요. 판매수입에서 비용을 빼줘야 진짜 이익인 이윤이 됩니다. 만약 아이스크림 하나를 만드는 데 300원의 비용이 들었다면 아이스크림을 하나 팔 때마다 이윤은 700원이 남는 거죠. 만약 아이스크림을 5개 팔았다면 이윤은 3,500원이 되는 거고요.

균형가격,
보이지 않는 손의 수학적 표현

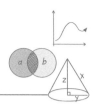

〈관련 교육과정〉

사회	수학
초등학교 사회2: 시장경제와 가격 **고등학교 통합사회**: 시장경제와 금융 **고등학교 경제**: 합리적 선택	**초등학교 수학5**: 규칙과 대응 **중학교 수학2**: 일차함수, 연립일차방정식 **고등학교 수학1**: 역함수, 방정식과 함수의 관계

　　과학에서 평형(equilibrium)은 외부의 힘이 가해지지 않으면 그대로 머무르는 상태를 말해요. 막대 저울은 이런 평형을 이용해서 물건의 무게를 재는 거죠. 경제학에서는 평형을 균형(equilibrium)이라고 표현해요. 그러니 둘은 같은 말입니다. 어떤 가격에서는 수요량과 공급량이 같아서 그 가격에 머물러 있으려고 하거든요. 이 안정된 가

격을 균형가격이라고 해요. 경제학의 할아버지라고 부르는 애덤 스미스(Adam Smith)는 동일한 품질의 제품을 생산하는 수많은 공급자가 있고, 또 이를 사려는 수많은 수요자가 있을 때 그대로 두면 가격이 균형가격에 맞춰져서 남지도 않고 모자라지도 않는 상태가 된다고 했어요. 이런 과정을 '보이지 않는 손'이라고 표현했고요.

앞에서 시장의 수요 쪽과 공급 쪽을 따로 살펴봤어요(경제 속에 숨은 수학②, ④). 가격이 결정되려면, 사려는 쪽인 수요와 팔려는 쪽인 공급이 만나야 합니다. 예를 들었던 아이스크림 수요와 공급을 그대로 옮겨 볼게요.

가격(천 원)	수요량(개)	공급량(개)
1	13	3.5
2	7	7
3	1	10.5

가격이 1천 원이라면, 아이스크림을 사고자 하는 양은 13개인데 팔고자 하는 양은 3.5개밖에 안 돼서 모자라요. 모자라면 수요자들이 서로 웃돈을 주고라도 사고자 하겠죠. 가격이 1천 원에 머물러 있지 못하고 올라가게 됩니다. 가격이 3천 원이라면, 아이스크림을 사고자 하는 양은 1개인데, 팔고자 하는 양은 10.5개예요. 아이스크림이 남죠. 남으면 공급자들이 서로 좀더 낮은 가격으로라도 팔려고 할

테니 가격이 3천 원에 머물러 있지 못하고 내려가게 됩니다. 가격이 2천 원이라면 어떨까요? 사고자 하는 양이 7개, 팔고자 하는 양도 7개로 남지도 않고 모자라지도 않아요. 다른 요인의 변화가 없다면, 이 가격에 머물려고 할 거예요. 이처럼 수요량과 공급량이 같아지는 가격을 '균형가격'이라고 하고, 이때 거래되는 양을 '균형거래량'이라고 한답니다.

위 표의 가격과 수요량과의 관계인 수요함수와 가격과 공급량과의 관계인 공급함수를 구해보면 다음과 같아요.

수요함수: $Q_d=-6p+19$

공급함수: $Q_s=3.5p$

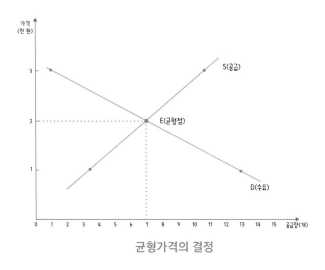

균형가격의 결정

두 함수를 그래프로 나타냈을 때, 두 그래프의 교점에서 수요량과 공급량이 일치하겠지요. 이 점을 균형점이라고 하고, 균형점에서의 가격이 균형가격, 거래량은 균형거래량이 됩니다. 두 함수의 교점이란, 두 함수를 방정식으로 생각하고 연립방정식을 풀었을 때 나오는 해이기도 합니다. 위의 두 함수를 방정식으로 써볼게요.

$6p+Q=19$ ···································· ①

$-3.5p+Q=0$ ···································· ②

식①-식②를 하면 $9.5p=19$, $p=2$(천 원), $Q=7$(개)가 나옵니다. 위에서 봤던 균형가격과 균형거래량과 같음을 확인할 수 있지요?

사려는 사람과 팔려는 사람이 서로 자신의 이익을 추구할 때, 결국 균형점을 찾아가게 되는 거예요. 수요와 공급의 상호작용으로 균형가격과 균형거래량이 형성되면 외부 요인의 변화가 없는 한 머물러 있게 됩니다. 외부 요인의 변화라는 건, 수요함수나 공급함수 자체가 바뀌게 하는 요인을 말해요. 외부 요인의 변화가 생기면 균형점이 변동해서 균형가격과 균형거래량이 새롭게 형성됩니다.

6장

편의점이 살길은 하나,
이익을 끌어올리자

우리만의
차별화전략이 필요해

가격경쟁은 일단락되었지만, 새로움을 무기로 내세운 무인 편의점이 들어선 이후 행복편의점의 인기는 좀처럼 회복되지 못하고 있었다. 주인의식으로 똘똘 뭉친 우린 머리를 맞대고 논의하기 시작했다.

기연 우리도 좀 다른 거 생각해봐요!

경호 그래, 새로운 것! 우리도 뭔가 만들어보자.

유진 좋아!

지원 새로운 것!

찬, 준우 오케이!

단점 보완은 그만, 장점을 극대화하자

기연이가 먼저 새로운 걸 도전해보자고 했고, 우리 모두 오른손 주먹을 꼭 쥐며 의기투합했다. 우린 다시 두 편의점의 장단점 메모를 살펴보았다.

	무인편의점	행복편의점
장점	· 새롭다. · (눈치 안 보고) 마음껏 구경하고 만질 수 있다. · 화이트보드에 입고를 원하는 상품을 신청할 수 있다. · 1+1, 2+1 행사가 다양하다.	· 익숙하다. · 셀프 결제를 하지 않아도 된다. · 셀프 요리바가 있다. · 앉아서 먹을 수 있는 자리가 있다.
단점	· 셀프 결제에 익숙하지 않은 경우 결제가 어려울 수 있다. · 앉아서 먹을 자리가 없다.	· 새롭지 않다. · 1+1, 2+1 행사가 적다.

경호 우리 지금까지는 행복편의점의 단점을 보완하려고만 했어. 이번에는 장점에 집중해보자!

준우 기연이 너, 유튜브에 모디슈머 방송 몇 번 했었잖아! 반응 어땠어?

기연 완전 뜨거웠지! 대~~박 쳤어. 내가 올린 영상 중 경호표 삼각김밥하고 내 편의점 망고빙수가 제일 핫했어!

준우 그래, 그거야! 네 영상 좀 홍보용으로 쓰자. 어때?

기연 물론 좋지. 그런데 어떻게?

준우 그 영상을 편의점 유리문에서 보이게 태블릿 PC로 틀
어두면 될 것 같아.

기연 아! 좋아.

준우 찬이형. 작곡 하나 해봐요. CM송!

찬 CM송은 왜?

준우 기연이 영상에 노래를 입히자고요! 중독성 있는 CM
송 많잖아요!

찬 '손이 가요 손이 가요~~'처럼?

유진 경호가 밴드에서 노래를 불러서 녹음하면 되겠다!

준우 학원에 오가면서 편의점 태블릿 화면을 보고 노래를
들으면 오고 싶어질 거라니까요. 그리고 여기 모디슈
머 요리를 할 수 있는 요리바도 사진으로 출력해 영상
옆에 걸고요!

찬 그래, 요즘 다들 자기만의 특별한 것을 좋아하니까!

경호 그치, 이거 어쩌면 데이트 코스가 될 것 같기도 한데?

기연 그러네. 나만의 편의점 레시피로 사랑하는 사람에게
요리해준다!

지원 오, 대박 날 거 같아!

요리 콘테스트를 열면 대박나지 않을까

뭔가 곰곰이 생각하던 경호가 찬이 오빠 앞으로 다가갔다.

경호 형, 혹시 사장님께 협찬을 좀 받아보면 어때요?
찬　 무슨 협찬?
경호 행복편의점 모디슈머 레시피 콘테스트요!
유진 아, 레시피를 응모 받자는 거구나?
경호 맞아. 콘테스트니까 상금이 필요하고, 그걸 좀 협찬해
　　 달라고 하는 거지!
찬　 그래? 좋은 아이디어인데? 그럼 편의점 홍보도 되고.
준우 기연이는 거의 인플루언서 급이니까, 인스타그램에도
　　 콘테스트가 열린다고 알리면 좋겠는데?

편의점 사장님이 협찬해주시기만 한다면 성공 예감! 찬이
오빠는 곧 사장님께 전화드렸고, '상금 30만 원+레시피에 적
힌 요리를 해서 시식코너 만들기'를 협찬받았다. 우리는 아이

디어를 실행에 옮겼다.

 **MODISUMER**

편의점 모디슈머 레시피 콘테스트!

행복편의점에서 모디슈머 레시피 콘테스트를 엽니다. 편의점 모디슈머 레시피란, 편의점에 있는 재료로 자신이 새롭게 창조해 낸 요리 레시피를 말해요. 나만의 특별한 편의점 모디슈머 레시피가 있다면, 행복편의점 앞 응모함에 넣어주세요. 레시피 뒷면에는 성함, 전화번호도 함께 적으셔야 합니다.

저희는 응모 받은 레시피들 중 10점을 선정해, 직접 요리해서 시식코너를 만들 거예요. 행복편의점에 오는 손님들은 시식해보면서 가장 맛있는 요리에 투표를 하게 됩니다. 여기서 가장 많은 표를 얻은 레시피의 주인공은 30만 원의 상금을 받게 됩니다!

행복편의점의 위치는 아래 지도에 있습니다!

♡ ○ ⫶   🔖

좋아요 〇〇〇개

10일간 레시피를 응모 받았고, 그에 따라 우리는 열심히 조리했다. 찬이 오빠가 작곡한 CM송이 경호와 밴드 친구들의 노래로 살아났다. 기연이는 CM송을 듣고 또 들었다.

"역시, 찬이 오빠야. 어떻게 이런 곡을 만들지?"

찬이 오빠 얘기할 때면, 기연이는 반달눈에 장밋빛 얼굴이 된다. 누군가를 좋아하면 그렇게 되나 보다. 많은 남자아이들이 기연이한테 관심 보이며, 괜한 걸 묻곤 했다. 우리 학교뿐 아니라 다른 학교 아이들까지. 무슨 음식을 좋아하냐, 집은 어느 방향이냐 등등. 그럴 때마다 기연이는 웃으면서

"미안. 나 바쁜데?"라며 발걸음을 재촉하곤 한다. 그들에겐 도도한 그녀, 기연이다. 하지만 찬이 오빠 앞에서는 더없이 수줍은 소녀의 모습이 된다. 둘이 잘 어울리기도 한다. 그나저나 CM송은 성공이다. 중독성 있는 멜로디가 경호의 밴드와 만나 한층 멋져졌다.

나와 경호, 기연이와 찬이 오빠, 준우와 지원이는 레시피를 보며 하나씩 조리했다. 기연이 레시피인 망고빙수는 미리 조리해두면 녹기 때문에 손님이 들어오면 빠르게 만들었다. 둘씩 한 조가 되어 조리하는 모습도 즉석카메라로 찍었다. 인화된 사진 속 기연이와 찬이 오빠 모습은 마치 리얼리티 연애 프로그램 속 커플 같았다.

"형, 이거 인기 좀 끌겠는데요?"

준우가 기연이와 찬이 오빠가 함께 조리하는 모습이 담긴 사진을 만지작거리며 말했다. 우린 그 사진을 포함한 조리 사진들을 시식코너에 장식했다. 조리한 음식들과 함께! 손님들은 시식코너에서 하나씩 맛보더니 맛있다고 엄지척. 그러고는 가장 맛있는 음식에 투표했다.

우리들의 레시피 TOP5, 이렇게 인기가 많을 줄이야

시식코너 옆에는 그 편의점 음식 레시피를 프린트해 두어서 원하는 사람들은 가져갈 수 있게 했다. 손님들은 시식하고 투표하며, 각자 마음에 드는 레시피의 재료를 사 가지고 갔다. 야채달걀죽, 바나나푸딩, 컵부대찌개가 5, 4, 3위를 차지했다.

NO.5 야채달걀죽

1. 컵 야채죽에 달걀 1개를 넣고 골고루 섞는다.
2. 컵 야채죽을 3분간 전자레인지에 돌린다.
3. 참기름 한 방울과 부순 조미김을 뿌린다.

NO.4 바나나푸딩

1. 컵 바닐라 아이스크림을 전자레인지에 20초 돌린다.

2. 큰 종이컵에 커스터드 카스텔라를 넣고 으깬다.

3. 2에 1을 넣어 섞는다.

4. 3에 어슷썰기 한 바나나를 올린다.

5. 취향에 따라 시럽을 뿌린다.

NO.3 컵부대찌개

1. 컵라면에 비엔나소시지와 볶음김치를 넣는다.

2. 컵라면에 끓인 물을 붓고, 전자레인지에 30초간 돌린 후 2분

   기다린다.

3. 파를 송송 썰어 넣고 치즈를 얹는다.

2위는 기연이의 망고빙수!

NO.2 망고빙수

1. 컵 빙수를 뜯어 팥을 덜어낸다.

2. 망고 아이스바를 깍둑썰기로 잘라 컵 빙수 얼음 위에 도넛 모
   양으로 두른다.

3. 도넛 모양 가운데에 덜어놓은 팥을 동그랗게 얹는다.

대망의 1위는 경호의 밥와플과 쌀국수 세트였다. 경호의 밥
와플은 우리에게 해주던 구운 삼각김밥을 조금 응용한 메뉴다.
식용유 두른 프라이팬에 굽던 걸 좀더 간편하게 와플기를 이용
해 만든 것. 덕분에 요리바에 와플기도 들였다!

NO.1 밥와플+쌀국수 세트

1. 김을 벗겨낸 삼각김밥을 와플기에 넣고 2분간 굽는다(더 바삭
   하게 하려면 3분).

2. 노릇하게 구워진 삼각김밥 위에 잘게 찢은 스트링 치즈와 부
   순 김을 뿌린다.

3. 컵 쌀국수에 게맛살을 찢어 넣고 뜨거운 물을 붓는다. 3분간

　기다리면 완성.

　시식코너에서 셀카를 찍어 자신의 SNS에 올리는 손님들이 많았다. 많은 게시물이 공유되어서 멀리서 행복편의점을 찾아오는 손님들도 생겨났다. 직접 레시피대로 만들어 먹으려는 손님들이 많아, 재료 키트를 만들어 두었다. 요리바 줄이 길다 보니, 예약제로 운영했다. 커플끼리, 또 친구들끼리 와서 직접 요리하고 취식코너에 앉아 담소를 나누며 먹었다. 소문을 듣고 학교 친구들도 많이 왔고, 선생님들도 찾아오셨다. 우리의 나영 샘도!

　"어머나, 찬아!"

　"선생님 어쩐 일이세요?"

　세상에, 이런 인연이 있을까? 찬이 오빠도 나영 샘의 제자가 아닌가.

　"행복편의점이 요즘 핫플이라고 해서…."

　"어! 선생님!"

　기연이와 내가 선생님께 인사했다.

　"맞다. 기연이 여기서 알바한다고 했지?"

"네, 맞아요!"

"그 편의점 오빠가 혹시….."

"맞아요. 찬 오빠!"

이날 우린 밥와플+쌀국수 세트와 컵부대찌개로 식사하고 달달한 기연이표 망고빙수와 바나나푸딩 디저트로 마무리했다. 행복편의점은 점점 더 행복이 피어나는 편의점이 되어가고 있었다.

가격 책정이 이토록 어려운 거였구나

행복편의점에서는 모디슈머 레시피 이벤트 성공 축하 이벤트를 열고, 특별 케이크를 만들기로 했다. 요리 잘하는 경호와 내가 함께 시간을 냈다. 케이크를 구웠는데 가로 180cm, 세로 150cm, 높이 20cm의 거대한 직육면체 모양이었다. 위에는 풍성하게 무화과까지 올렸다. 케이크를 굽는 데 자그마치 5시간이 걸렸다.

경호와 내가 5시간 동안 베이커리에서 일하면 시간당 2만 5천 원씩, 둘이 합해 시간당 5만 원을 벌 수 있었을 것이다. 그리고 이 케이크에 들어간 재료비는 다음과 같다.

재료비 및 시설이용료	
밀가루	50,000원
우유	35,000 원
계란	25,000 원
생크림	30,000원
무화과	60,000원
설탕	20,000원
시설이용료	70,000원

기연이가 자신의 유튜브 채널에 생방송으로 케이크 굽는 과정을 공개했더니 사람들의 관심이 굉장했다. 사겠다는 사람이 정말 많았다. 우리는 케이크를 가능한 한 큰 큐브(정육면체) 모양으로 잘라서 판매하고 싶은데, 한 조각당 가격을 얼마 이상 받아야 할까? 경호와 나의 숙제다.

제품 개발,
나만의 혁신 만들기

행복편의점에 새로운 경쟁자 무인편의점이 생겼습니다. 경쟁에서 살아남으려면 어떻게 해야 할까요? 경쟁자인 무인편의점보다 비용을 낮추거나, 좋은 제품이나 서비스를 마련하는 등 더 나은 가치를 창조해서 경쟁자를 넘어서야 할 거예요. 더 나은 가치를 통해 경쟁자를 넘어서는 위치를 확보하는 걸 경쟁우위(competitive advantage)라고 합니다.

◆ 차별화전략

차별화전략(Differentiation Strategy)은 자신만의 독특한 서비스나 제품을 창조함으로써 경쟁우위를 달성하는 전략입니다. 한마디로 '남과 다른 나만의 무언가'를 내놓는 거죠. 비슷한 제품을 경쟁자

보다 더 싼 가격에 제공해서 경쟁우위를 확보할 수도 있지만 쉬운 일이 아닙니다. 행복편의점이 무인편의점과 피 튀기는 가격할인 경쟁을 하다가 결국 비슷한 수준을 유지하게 된 것만 봐도 알 수 있죠. 행복편의점은 모디슈머 콘테스트 개최와 여기서 창조된 제품 개발이라는 자신만의 독특한 서비스와 제품을 내놓았어요. 이게 바로 차별화전략입니다.

여러분이 사업을 하려고 한다면 꼭 나만의 차별화된 점이 무엇일지 생각해보세요. 완전히 새로운 걸 창조해내지 않더라도, 자신만의 무언가가 필요해요. 예를 들어, 새로운 종류의 빵이 아니더라도 독특한 조합이나 재료를 첨가할 수 있겠죠.

◆ 혁신을 통해 경쟁우위를 점한 기업 사례

요즘 지하철을 타면 남녀노소 가릴 것 없이 스마트폰을 손에 쥐고 무언가를 하는 모습을 볼 수 있습니다. 불과 20년 전만 해도 이런 모습은 상상도 할 수 없었지요. 애플은 기존에 없던 아이폰이라는 혁신적인 제품을 창조해 수요를 창출하며 경쟁우위를 점했습니다. 그런가 하면 테슬라는 자동차 산업에서 자율주행 기술을 선도하면서 경쟁우위를 확보했습니다.

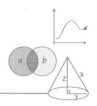

경제 속에 숨은 수학⑥

생산비용, 상품가격에 기회비용도 담겼다?

〈관련 교육과정〉

사회	수학
초등학교 사회4: 경제활동에서의 선택 **중학교 사회1**: 합리적 선택 　　　　　(편익과 기회비용)	**초등학교 수학5**: 약수와 배수 　　　　　공약수와 최대공약수 **중학교 수학1**: 소인수분해, 최대공약수

✦ 가격은 책정하기 전에 고민 먼저

앞에서 경호와 유진이가 케이크 때문에 고민이 많았던 게 기억날 거예요. 우선 몇 조각의 큐브가 나오는지부터 따져봐야 할 것 같네요. 머리가 너무 복잡해지나요? 어떻게 하면 케이크를 남기지 않고 가능한 한 큰 큐브 모양으로 자를까요? 이게 가능하기는 한 걸까요?

차근차근 생각해봐요. 큐브 모양은 가로, 세로, 높이가 모두 같아요. 180cm를 큐브 한 변의 길이로 나누었을 때, 나누어떨어져야 하고(그래야 남는 케이크가 생기지 않을 테니까요), 150cm와 20cm를 한 변의 길이로 나누어도 나누어떨어져야 해요. 그 큐브 한 변의 길이가 180, 150, 20의 공통된 약수가 되어야 한다는 말이에요. 그런데 한 변의 길이가 가능한 한 길어야 하니까, 공통된 약수 중 가장 큰 '최대공약수'가 큐브 한 변의 길이가 되겠지요. $180=2^2 \times 3^2 \times 5$, $150=2 \times 3 \times 5^2$, $20=2^2 \times 5$이므로 세 수의 최대공약수는 10이 됩니다. 그렇다면 몇 조각이 나오게 될까요? $18 \times 15 \times 2=540$으로 540 조각이 나오네요! 그럼, 이제 한 조각당 얼마를 받아야 할지 생각해볼까요?

가격을 정할 때는 우선 생산비용보다 같거나 높게 받아야 해요. 그리고 사려는 사람들이 내려고 하는 최대 금액보다는 같거나 낮아야 하고요. 생산비용보다 '같거나 높게'라는 말이 좀 이상한가요? 생산비용과 같은 금액을 받을 바에야 굳이 왜 만들었나 싶다고요?

✦ 기회비용이 진짜 비용이다

경제에서의 생산비용에는 내가 이 일을 하지 않았을 때 벌 수 있었던 돈까지 비용으로 포함돼요. 만약 경호와 유진이가 행복편의점에서 거대 케이크를 만들지 않고 베이커리에서 일했다면, 시간당 둘이 합쳐 5만 원을 받았을 거예요. 그런데 행복편의점에서 케이크 만드는 데 5시간이 걸렸으니 25만 원을 포기한 셈인 거죠. 이처럼 케이크를 만들기 위해 포기한 25만 원까지 생산비용에 들어간답니다. 실제로 지불하지 않았지만 포기된 것의 가치를 포함한 비용의 개념을 '기회비용'이라고 불러요. 그럼 경호와 유진이가 케이크를 만든 것의 기회비용은 25만 원(베이커리에서 일했을 때 받을 수 있던 돈)+29만 원(재료비 및 시설이용료)=54만 원이 됩니다. 540조각의 케이크가 나온다고 했으니, 54만 원을 540으로 나누면, 1천 원이 나옵니다. 그러니 한 조각에 1천 원 이상을 받으면 되겠군요! 만약 가격을 2천 원으로 정했고, 540조각이 모두 팔렸다면 이윤은 얼마가 될까요? 이윤은 판매수입에서 비용을 뺀 걸 말해요. 판매수입은 2천 원×540=108만 원이고, 생산비용이 54만 원이므로, 이윤은 108만 원−54만 원=54만 원이 됩니다.

수학 개념

약수

어떤 자연수를 나누어떨어지게 하는 수

어떤 수의 약수든지 1과 자기 자신이 항상 포함됨

공약수

두 개 이상 수의 공통인 약수

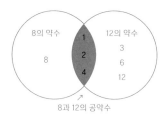

8과 12의 공약수

최대공약수

공약수 중 가장 큰 수

경제 개념

판매수입

가격판매량

이윤

판매수입-생산비용

기회비용

여러 선택의 대안들 중에서 어떤 하나를 선택함으로 인해 포기
되는 대안들 중 가장 가치가 큰 대안의 가치

7장

행복편의점 CEO가 된 우리들, 할 수 있어

경영과정을 통해 문제부터 해결까지 한눈에 보기

우리의 모디슈머 레시피 이벤트는 대성공이었다. 이벤트 전 달과 비교해서 매출이 300%나 늘어났으니까. 사장님의 협찬 비용을 제하더라도 어마어마한 수익이 발생한 거다. 게다가 행복편의점이 유쾌한 곳이라는 이미지가 생겨 지속적으로 오는 단골손님도 늘었다. '기연&찬' 조리 사진 덕분인지 요리 데이트를 하겠다며 찾아오는 손님들도 있었다. 사장님은 우리에게 경영을 제안하셨다.

사장님은 회사를 정년퇴직하시고 편의점을 시작하셨다 했다. 작게 연 편의점이라 소소하게 용돈벌이만 할 생각이셨는데, 무인편의점이 생기고 경쟁에서 밀리자 편의점을 접어야 하나 걱정하셨다고. 그런데 우리가 위기를 기회로 만들어 이벤트를 열고 그 후 편의점 이윤이 나날이 늘어가는 걸 보며 놀라셨다고 한다. 그래서 우리에게 편의점 경영을 맡아보라고 제안하신 거다. 뭐, 경영이라고 하니 거창하게 들릴 수도 있지만 사장님께서는 우리의 의견을 적극적으로 수용해 운영하고 싶다고 하셨을 뿐이다. 보수는 편의점 이윤의 10%! 물론 찬이 오빠 월급과 기연이 알바비와는 별개다.

찬이 오빠와 기연이, 경호와 나, 준우와 지원이 모두에게 온 제안인데, 준우는 빠지겠다고 했다. 준우 엄마가 공부 외에 다른 일에 시간을 뺏긴다며 걱정하셨단다. 그렇게 준우가 빠지고, 우리 다섯 명은 행복편의점 CEO가 된 셈이다. 사장님은 찬이 오빠에게는 점장을 맡아달라 하셨다.

CEO의 눈으로 보면 모든 게 달라져

우리는 먼저 '고객의 소리' 사서함을 만들었다. 행복편의점이 고객과 소통하며 발전해나가길 바라는 마음으로. '○○상품이 들어오면 좋겠다', '배달서비스를 해주면 좋겠다' 등등 다양한 의견이 접수된다. 고객의 소리에 접수된 의견 중 필요하다 싶은 건 반영한다. 경영진 회의도 하면서!

기연 머리 손질용 집게 핀은 어딘가에 있었던 것 같은데?"
찬   집게 핀? 아마 있을걸?

무지개 중학교 친구 중 한 명이 편의점에 집게 핀이 있으면 좋겠다고 말해줬다. 친구였는데, 이젠 우리의 고객이다. 고객의 요청을 들은 기연이. 그리고 그 말을 듣고 집게 핀이 있는 것 같다면서 어디론가 향하는 찬이 오빠. 어느새 진열장 가장 아래 구석에서 집게 핀을 꺼내 온다. 손발이 척척 잘 맞는 알바 커플이다. 참, 찬이 오빠 마음은 모르니 아직 공식적인 커플은 아니다.

간혹 편의점에 있는 상품인데, 없는 줄 알고 들여놔달라고 할 때가 있다. 이런 경우 집게 핀처럼 잘 보이지 않는 곳에 진열되어 있던 것. 이런 상품은 잘 보이는 위치로 옮긴다. 또 잘 나가지는 않지만 손님이 요청한 물건은 소량이라도 발주해둔다. 모두 고객을 위한 거니까.

여름이 다가오나 보다. 벌써 낮에는 날이 더워서 밖에서 놀던 초등학생들이 땀을 뻘뻘 흘리며 편의점에 들어와 땀을 식혔다 가곤 한다.

"우와 여기 시원해."

"들어갔다 가자!"

꼬마 손님들은 우르르 들어와서 시끌시끌 있다가 가곤 했다. 그들의 손에는 손풍기가 들려있다. 그걸 유심히 지켜보던 준우는 진열대에 놓여있던 손풍기를 들었다.

봄에는 마스크, 여름엔 손풍기, 계절상품 찾기

준우 이제 손풍기, 선크림을 골든존으로 옮겨야겠다!
경호 그게 좋겠네. 여름이니까.

봄철 황사와 미세먼지로 많이 팔릴 것을 대비해 골든존에 놓았던 마스크, 렌즈 세정액 등을 치우고 손풍기, 선크림 등을 잘 보이는 위치인 골든존으로 옮겼다.

경호 우리, 얼음이 들어가는 음료를 넣은 미니 냉장고는 매
　　장 바로 앞으로 옮기는 게 어때?
찬　 좋아, 접수.

경호의 의견에 찬이 오빠는 바로 냉장고를 매장 바로 앞으로 뺐다. 역시나 지나가던 손님들이 얼음이 들어간 음료를 찾

으러 많이 들어왔다.

경호 이제 곧 휴가철이잖아. 그럼 즉석밥, 통조림 발주를 늘
려야 될 것 같아.

유진 휴가랑 즉석밥이 무슨 상관?

경호 요즘 캠핑도 많이 가니까, 즉석밥이나 통조림을 많이
가져갈 거 같은데?

유진 그렇겠네. 여행용 세정 용품과 칫솔도 잘 보이는 곳에
두자!

직접 편의점 경영에 참여하다 보니, 보이지 않던 것들이 꽤
보인다. 하나씩 고객의 의견을 듣고 바꿔나가고, 우리가 서로
의견을 내고 반영하는 것. 그리고 그 효과를 관찰하는 것 모두
무척 흥분되는 일이다.

기연 오빠, 벌써 다음 주면 여름 방학이네요!

찬   그러네. 너희 방학 때는 뭐 하니?

준우 학원 다니죠!

유진 저희 가족 일본으로 3박 4일!

경호 저도 유진이네랑 같이 일본에 가요.

지원 저희는 할머니 댁에 잠시 다녀와요!

기연 저는 방학하면 행복편의점 경영을 좀더 전문적으로
　　해보고 싶어요!

경호 나도!

지원 나도!

찬 　좋아. 나도 찬성!

유진 저도 좋아요!

행복편의점 CEO 5총사, 마음이 통했다. 찬이 오빠는 중학생 때 나영 샘과 경제동아리 활동을 했는데 이때 경제에 관심을 가지게 되었다고 한다. 우리는 행복편의점 경영에 도움이 필요할 때 나영 샘께도 조언을 구하기로 했다.

편의점 경영자가 일본에 가면 벌어지는 일

방학이 시작되자마자 경호네 가족과 우리 가족은 함께 일본 히로시마로 향했다. 일본에 여러 번 다녀왔지만, 히로시마는 처음이다. 역사 시간에 제2차 세계대전 당시 원자폭탄이 떨어진 곳이라고 들었던 정도? 가장 먼저 간 곳은 평화의 공원.

당시 우리나라 사람들 10만 명이 히로시마에 살았는데, 원폭이 떨어진 1945년 8월 6일 그중 2만 명이 목숨을 잃었다고 한다. 타국에서 목숨을 잃은 조상님들의 혼을 기리는 위령비 앞에 선 우리는 잠시 묵념했다. 조상님들을 생각하며 공원을 둘러보는데, 우리 또래의 아이들이 삼삼오오 모여 앉아 도시락을 먹고 있었다. 학교 숙제로 박물관을 찾은 건가? 꽤 많은 아이들이 보였다. 먹고 있는 도시락이 맛있어 보인다.

"우리도 밥 먹으러 갈까?"

경호한테 말을 건네는데, 경호는 어느새 공원에 앉아 도시락을 먹는 아이들에게 다가가고 있는 게 아닌가. 게다가 말까지 걸고 있다! 뭐야. 일본어는 또 언제 배웠데?

"너희 도시락 맛있어 보여!"

그런데 경호는 당당하게 한국어로 말하고 있다. 스마트폰에 대고 한국어로 말하고, 번역기가 일본어로 말을 해주고 있는 것이었다. 와, 대단해, 정말. 저 당당함.

"이거 편의점에서 산 거야!"

"와! 그래? 종류가 많나 보다."

"그럼, 다양하지."

"내 샌드위치도 편의점에서 산 거야!"

"여기 과일, 케이크, 디저트도 편의점에서 샀어!"

경호의 물음에 일본 아이들이 저마다 이야기해주고 있다. 그들도 번역기를 켜둔 채! 일본 아이들이랑 이렇게 편하게 의사소통할 수 있다니 신기했다. 일본 편의점에 대해 듣게 된 것도 반가웠다. 내가 보기에도 편의점 음식이 정말 맛있어 보였고, 조각 과일의 종류도 다양했다. 일본에서 며칠 머무는 동안 일본 편의점에 들러 분석 좀 해봐야겠다. 행복편의점에 도움이 될 아이디어를 구할 수 있을지 모른다.

유진 우리 편의점 구경하자!
경호 콜.

수학이 내 만족도를 높여준대

우린 바로 편의점으로 향했다. 냉장칸에는 삼각김밥, 김밥, 샌드위치, 도시락, 샐러드, 조각과일 등이 보인다. 행복편의점과 비슷하면서도 음식 종류가 좀더 다양한 느낌이다. 구경하고 있는데, 회사원처럼 보이는 여성 두 명이 들어와서 도시락을 골랐다. 점심으로 사 가는 모양이었다.

경호 우리도 편의점에서 점심 어때?

유진 나도 그러고 싶은데. 부모님들 기다리실 텐데?

경호 아, 맞다. 점심은 같이 먹자고 하셨지?

유진 응, 그니까. 너도 참.

경호 그럼 전화해보지 뭐.

부모님의 허락을 받아 편의점 음식을 맛보려는 우리들은 갖고 있는 용돈을 함께 모았다. 전부 2,000엔이었다. 이 가격으로 최대한 다양한 음식을 구매해 맛보고 싶었다. 어떻게 해야 여러 상품을 살 수 있을지 고민하는데, 경호가 말했다.

"이럴 때 필요한 게 부등식 아냐? 2,000엔을 넘기지 않는 선에서 골라보자. 여기서 롤케이크는 1,500엔이라는데, 이걸 사면 다양하게 사기 어려워. 롤케이크만 빼면 여러 상품을 구매할 수 있을 것 같아."

우린 편의점에서 도시락, 샌드위치, 삼각김밥, 초콜릿 케이크, 카스텔라, 커피, 조각과일까지 종류별로 골라 담았다. 디저트류가 무척 다양하고 신선했다. 계절별로 제철 과일이 큼직하게 들어간 조각케이크, 슈크림 등등. 커피도 다양한 종류가 있어서, 취향대로 고를 수 있었다. 호텔 방에서 벌인 편의점 음식 파티!

삼각김밥은 행복편의점 승! 역시, 행복편의점의 삼각김밥은 최고다. 우리 입맛에 우리나라 삼각김밥이 더 맞는 걸 수도 있겠지? 도시락 종류가 많아 직장인들이 골라 먹기 좋을 것 같았다. 신선도, 맛 모두 좋음. 좀더 우리나라 입맛에 맞는 맛있는 반찬들을 골라서 넣으면 좋을 것 같다. 조각과일은 배, 사과, 오렌지, 포도, 파인애플 등이 한 종류씩만 담긴 것, 여러 과일이 섞인 것 등 다양한 조합이 있었다. 과일을 찍어 먹을 수 있게 작은 포크도 내장되어 있었다. 음, 이건 바로 적용해야겠군! 우리의 설득으로 가족들은 일본 여행 중 식사의 절반은 편의점에서 해결했다. 편의점을 연구한다는 자세로 음식을 고르고, 맛보고, 관찰했다.

경영의 기본,
운영과 관리 방법을 알아볼까

유진이와 친구들이 편의점을 경영하게 되었어요. '경영'이 뭘까요? 참 많이 쓰는 단어인데 뜻을 물어보면 정확히 답하기 힘들어하더라고요. 국어사전에는 경영의 뜻이 다음과 같이 나와요.

> 경영: 특정한 목적을 달성하기 위해 구성된 조직을 관리하고 운영하는 것

편의점을 경영한다고 하면, 편의점을 관리하고 운영하는 것이겠네요. 그럼 경영은 어떤 과정으로 해야 하는 걸까요? 먼저 목표와 계획을 세우는 것부터 시작해요. 목표를 설정하고 이를 달성하기 위한 방법을 계획하지요. 계획이 세워지면, 그 계획을 실행합니다. 실행 과

정을 한마디로 요약하면 주어진 자원을 적절히 사용하고 부족한 자원을 조달하는 거예요. 자원에는 돈, 재료뿐 아니라 기술, 인적 자원, 시간 등도 포함됩니다. 계획을 실행하기 위해 자원을 사용한 다음에는 예상했던 결과 달성에 대한 확인이 필요해요. 예상했던 결과가 나타나지 않았을 때는 그 원인을 분석하고, 실수나 잘못된 점을 찾아내서 이 부분을 개선해야 하니까요.

경영과정: 목표와 계획설정 ⟹ 계획 실행 ⟹ 결과에 대한 확인

◆ 경영과정 단계를 행복편의점 사례에 적용해보기

행복편의점이 무인편의점과의 경쟁에서 살아남기 위해 노력하는 과정에도 이 경영과정을 적용할 수 있어요. 무인편의점이 들어오면서 매출액과 이윤이 줄어드는 문제가 발생했어요. 이 문제를 해결해나가는 경영과정의 시작은 행복편의점이 매출액과 이윤을 늘리고자 하는 목표를 세운 거예요. 이 목표를 달성하기 위한 방법으로 무인편의점보다 가격을 낮춰서 더 많이 팔고자 하는 계획을 세웠지요. 이를 위해 아이들은 자신들의 시간과 발품을 팔아 무인편의점의 가격을 알아오는 등 자원을 활용하며 계획을 실행하죠. 예상했던 결과를 달성했는지 확인하는데, 예상했던 결과가 나타나지 않았어요. 그 원인이 뭘까 분석했죠! 분석 결과, 무인편의점은 직원을 고용하지 않아 비

용이 절감되므로 가격경쟁으로는 무인편의점과의 경쟁에서 이기기 어렵다고 결론을 내립니다. 가격경쟁보다는 행복편의점만의 장점에 집중해서 독특한 서비스와 제품을 창출해내는 방향으로 전략을 수정하죠. 그 후, 모디슈머 콘테스트와 제품 개발에 자원을 활용해 계획을 실행함으로써 원하는 결과를 이루게 됩니다.

경제 속에 숨은 수학 ⑦

의사결정,
수는 우리를 현명한 선택으로 이끈다

〈관련 교육과정〉

사회	수학
초등학교 사회4: 경제활동에서의 선택 중학교 사회2: 경제생활과 선택	초등학교 수학5: 규칙과 대응 중학교 수학2: 연립일차방정식 고등학교 수학1: 일차부등식 고등학교 경제수학: 부등식의 영역

 기연이는 다음 주말 찬이 오빠와 함께 오빠 친구의 생일 파티에 가기로 했대요. 생일선물로 꽃다발을 살까, 과일을 살까 고민하다 과일로 결정했답니다. 가격은 5만 원을 넘지 않게 하고 싶어요. 오빠 친구가 망고와 한라봉을 좋아한다기에 이 둘을 조합해 10개를 예쁜 상자 하나에 담아 선물하려고 해요. 망고는 한 개에 5,000원, 한라

봉은 한 개에 2,500원, 포장상자는 3,000원이에요. 기연이는 망고를 최대한 많이 넣고 싶다는데, 몇 개까지 넣을 수 있을까요?

우선 망고의 개수를 x, 한라봉의 개수는 y라고 해볼게요. 합해서 10개를 넣고 싶다면,

$$x+y=10 \qquad \text{①}$$

으로 표현할 수 있어요. 포장상자는 3,000원인데 하나는 무조건 사야 하니, (망고 개수×가격)+(한라봉 개수×가격)+3000원이 지불해야 하는 금액이 됩니다. 그런데 그 금액이 50,000원을 넘지 않아야 한다고 했으니 다음과 같이 표현할 수 있어요.

$$5000x+2500y+3000 \leq 50,000 \qquad \text{②}$$

식①의 양쪽 변에서 x를 빼주면 y=10-x가 됩니다. y=10-x를 식 ②에 넣어볼게요.

5,000x+2,500(10-x)+3,000≤50,000이 됩니다. 숫자가 크니 양쪽 변을 100으로 나눈 후 괄호를 풀어볼게요. 50x+250-25x+30≤500이 되고, 이를 정리하면 25x+280≤500이 됩니다. 양변에서

280을 똑같이 빼주면 25x≤220이고, 양변을 25로 나누면 $x \leq \frac{220}{25}$ 이므로 $x \leq 8\frac{4}{5}$ 가 됩니다. 따라서 망고를 최대한 많이 담는다면 8개를 담을 수 있죠. 가능한 한 망고를 많이 담고 싶은 경우 망고 8개, 한라봉 2개를 사서 포장박스에 넣으면 되겠네요. 생활 속에서 수와 관련해서 의사결정해야 하는 경우, 이렇게 주어진 조건을 생각해서 차근차근 식으로 표현해보세요. 막연히 고민하는 것보다 현명한 의사결정 하는 데 큰 도움이 된답니다.

수학 개념

생활 속에서 수와 관련한 문제를 해결하는 3단계

step 1

구하려고 하는 것이 무엇인지 알아보기

step 2

주어진 조건을 알아보기

step 3

조건을 식으로 표현해서 단계적으로 해결하기

경제 개념

경제적 사고하기

어떤 일을 결정하거나 진행할 때 하고 싶은 걸 모두 할 수는 없어요. 언제나 주어진 예산이나 시간 등을 고려해 그 안에서 가장 만족감이 큰 선택을 해야 하죠. 눈에 보이지 않는 가치도 고려해야 하고요. 특히 수와 관련된 선택을 해야 한다면, 수학 개념에 제시된 순서대로 따라 해보세요!

8장

우리에게 닥친 진짜 위기,
제대로 살리려면 투자가 필요해

크라우드 펀딩으로
해결할 수 있을까

일본에서의 마지막 날, 히로시마 미술관으로 향했다. 어라, 찬이 오빠 카톡 프로필 사진에서 봤던 그림인데? 작가 이름은 알폰스 무하였다. 부드러우면서 몽환적으로 여인의 모습들을 그린 일러스트. 작품 해설을 보니, '아르누보(Art Nouveau)'를 대표하는 작가라고 한다. 아르누보가 뭐지? 영어로는 새로운 예술(New Art)인 건데, 19세기 말 기존 회화 양식의 틀에서 벗어난 새로운 예술 양식을 말하는 듯했다. 당시만 해도 가구, 건축, 포스터, 책의 일러스트 등은 예술로 보지 않았었는데, 점차 이런 부분도 예술에 편입되었다고. 알폰스 무하의 작품에는 초콜릿, 과자상자 패키지에 그린 일러스트, 영화 포스터 등도 다수 포함되어있었다. 심지어 체코의 화폐 및 우표 속의 도

안까지! 상업과 예술의 경계를 허물어뜨린 느낌이다. 고프레 과자가 담겨있던 틴케이스는 너무 예뻐서 갖고 싶었다.

나오는 길, 갤러리숍에서 무하 그림이 그려진 틴케이스 과자를 구매했다. 우리도 이런 예쁜 패키지를 디자인하면 어떨까? 우리가 직접 못한다면 다른 방법으로는 무엇이 있을까?

예쁠수록 잘 팔리니까

서울로 돌아와 기연이, 지원이와 함께 편의점에서 만났다. 기념품으로 사 온 알폰스 무하 그림이 있는 틴케이스를 보여주며, 고프레 과자를 나눠 먹었다.

유진 이런 거, 우리도 만들 수 없을까?

기연 이런 거라니?

유진 여기 패키지 너무 예쁘지 않아?

기연 그림을 그리자고?

지원 이런 일러스트 아무나 하냐.

기연 음, 콜라보를 제안하는 방법도 있겠네!

지원 콜라보?

기연 응, 콜라보! 과자회사에 제안할 수 있지 않겠어?

지원 근데 어떤 화가 그림으로?

기연 그건 말이지.

기연이가 편의점 계산대에 있는 오빠를 불렀다. 찬이 기연이 쪽으로 다가왔다.

기연 찬 오빠! 이런 패키지 일러스트 좀 그려봐요. 미술 공부하고 싶어하잖아요!

찬 뜬금없이 무슨 패키지?

기연이가 우리의 아이디어를 찬이 오빠에게 얘기하자, 오빠도 긍정적인 반응을 보였다.

찬 좋아. 그런데 일러스트 스토리가 있으면 더 재밌을 것 같은데?

지원 스토리요?

찬 일러스트에 스토리가 있으면 시리즈로 나올 수 있어. 다음 편 일러스트가 기대될 수도 있고!

지원 그렇네요.

찬 지원아, 네가 스토리를 한 번 짜보는 거 어때? 너 소설
　 쓴다며!

지원 해볼 수 있을 것 같아요.

유진 아예 우리가 제안하고 싶은 과자를 선택하고, 그 과자
　 에 맞는 이야기와 일러스트를 구성하면 좋지 않을까?

내 의견에 모두들 고개를 끄덕였다. 그렇게 해서 우리는 회
오리 모양의 바삭한 5색 비스킷을 선택했다. 5색 비스킷의 하
나하나가 우리 CEO 5총사를 나타내는 것 같았기에! 지원이는
우리들 한 명 한 명을 캐릭터로 만들어 스토리를 구성했고, 찬
이 오빠는 생동감 있는 일러스트를 그렸다. 우린 시안과 함께
비스킷 회사에 패키지 디자인에 대한 콜라보를 제안하는 이메
일을 보냈다. 일주일이 지나도 답변이 없었다. 혹시 메일이 잘
못 간 건 아닐까? 다시 한번 이메일을 보냈다.

수신: biscuit@nber.com

발신: convenient_5@gmal.com

–제안서 담당자에게 전달했습니다. 기다려주세요.

또다시 일주일. 다시 메일이 왔다.

수신: convenient_5@gmal.com

발신: biscuit@nber.com

좋은 제안 감사합니다. 하지만 아직 저희는 패키지 디자인을 바꿀 의향이 없습니다. 다음에 기회가 된다면 연락드리지요.

생각보다 벽이 높았다. 찬이 오빠의 일러스트와 지원이의 스토리 너무 좋은데….

이렇게 끝내기엔 아쉬웠다. 지원이는 요즘 스토리라인을 살려서 '5인 5색 편의점'이라는 제목으로 웹소설을 쓰기 시작했다. 처음엔 조회 수가 얼마 안 되었는데, 현재 7화까지 게재하면서 조회 수가 폭발적으로 늘기 시작했다. 지원이 채널 구독자 수도 3만 명이 넘었고, 조회는 10만 회가 넘었다. 이렇게 반응이 좋을 줄이야!

다음 화도 기대됩니다.
따스한 이야기가 좋아요.

실제 편의점인가요? 알려주면 찾아가고 싶어요!

응원의 댓글들도 꽤 달린다. 어느 지역 편의점 이야기인지 궁금하다고 묻는 사람들도 있다.

찬　우리가 그린 일러스트를 재생종이를 활용한 포장 패키지 봉투로 만들면 어떨까?

기연 좋죠!

찬이 오빠의 제안이라 기연이는 무조건 좋단다.

지원 요즘 포장봉투, 아무리 재생종이라고 해도 무료로 제공할 수는 없을걸요?

찬　아, 맞다. 그렇지!

환경보호를 이유로 나라에서 무료 봉투 사용을 못 하게 막았다. 물건을 많이 산다면, 종량제 봉투를 구매해서 담아가야 한다. 이를 어쩐다?

경호 제작비가 좀더 들더라도 에코백에 일러스트를 프린트

하면 어때?

유진 팔려고?

경호 아니, 우선 100개 정도 만들어서 선물로!

유진 2만 원 이상 구매고객에게 선물로 드린다고 하면 어때?

기연 행복편의점 장바구니로 쓰라고 하면 홍보도 되겠네.

유진 친환경이라서 더 좋다.

경호 꼭 장바구니 아니어도, 에코백으로 써도 행복편의점이 생각나지 않겠어?

우리는 에코백에 일러스트를 프린트해서 2만 원 이상 구매고객에게 선물로 증정하기로 결정했다. 우선 100개!

에코백으로 사람들의 마음을 사로잡는 거야

유진 제작비는 어떻게 마련하죠?

찬 그동안 받은 월급을 모아두었어. 그걸로 하면 돼.

찬이 오빠는 사비로 쓰겠단다. 에구, 그건 안 돼죠! 그런데 다들 나랑 비슷한 생각이었나 보다.

기연, 지원 오빠, 그건 아니죠!
유진 다른 방법을 찾아봐요!

우리가 찾은 다른 방법은 바로 '크라우드 펀딩'! 경호가 제
안한 방법이다.

경호 방법 찾았어! 너희 〈너의 이름은〉 알아?
지원 일본 애니메이션?
경호 맞아.
유진 그게 왜?
경호 그 애니메이션, 크라우드 펀딩으로 제작되었대!
유진 크라우드 펀딩?
경호 우리도 크라우드 펀딩을 받아보자고!
지원 야, 그러니까 그게 뭔데?

경호가 신나서 얘기한 '크라우드 펀딩'은 다수의 사람들을
의미하는 크라우드(Crowd)와 투자를 의미하는 펀딩(Funding)
의 합성어라고 한다. 일반적으로 사업자금을 마련할 때는 어

느 특정한 투자자나 금융기관으로부터 투자를 받는데, 크라우드 펀딩은 창의적인 사업계획을 가진 개인이나 기업이 불특정 다수로부터 자금을 투자받는단다.

지원 알겠는데. 대체 불특정 다수의 사람들에게 '어떻게' 투자를 받아?

경호 플랫폼이 있거든. 거기에 설명을 올리면 돼.

유진 무슨 설명?

경호 우리가 에코백 만드는 이유와 에코백의 장점을 소개해서 다수의 사람들을 설득하는 거지.

유진 그런 다음엔?

경호 제품을 제작할 수 있는 최소 금액을 펀딩 목표액으로 설정하고, 펀딩받는 기간도 설정해서 그 안에 투자를 받는 거야.

유진 그렇다면 이 제품이 마음에 든 사람들이 투자한다는 말이지?

경호 그렇지. 이 제품을 하나 가지고 싶으시면 투자해달라고 하는 거야.

기연 온라인 주문이랑 비슷한데?

경호 맞아. 그런데 우리가 목표로 정한 펀딩 금액을 달성하지 못하면 제작하기 어렵지.

기연 그럼 투자받은 돈은?

경호 그건 다시 돌려줘야 해. 우리가 목표로 한 금액에 못 미치면 플랫폼에서 자동으로 환불해주게 되어있거든!

유진 아, 그렇구나. 그럼 우린 에코백을 하나 받고 싶은 사람들에게 얼마를 투자해달라고 해야 하지?

경호 제작비가 얼마 드는지 봐야지!

이왕이면 정말 예쁘면서도 쓸모있는 에코백을 만들고 싶었다. 내부에 수납 주머니도 하나 만들고, 지퍼도 달아서 내용물이 보이지 않게 하고. 이런 기능들을 갖춘 에코백을 찬이 오빠가 감각적으로 디자인했다. 제작 업체에 알아보니 이렇게 하면 에코백+프린팅 단가가 개당 1만 원이다. 그럼 펀딩을 받을 때, 개당 15,000원으로 해서 200개만큼 주문받으면, 100만 원이 남는다. 그 돈으로 편의점 고객들 선물로 쓸 에코백 100개를 만들 수 있다!

펀딩 금액 달성! 날로 바빠지는 CEO 5총사

펀딩 목표 금액은 300만 원! 15일 동안 펀딩을 받기로 했다. 우린 크라우드 펀딩 플랫폼에 찬이 오빠의 시안 5개, 지원이의 스토리, 에코백 디자인을 함께 올렸다. 에코백을 만들기까지의 전 과정과 어떤 목표로 만들고자 하는지도 함께. 그리고 지원이의 웹소설도 링크해두었다. 그러곤 다섯 개의 디자인 중 어느 에코백을 받고 싶은지도 번호로 선택하게 했다.

10일 만에 목표금액 300만 원이 달성되었다. 목표금액이 달성된 후에도, 설정해둔 15일 동안은 펀딩을 받았다. 그렇게 해서 총 350건의 펀딩을 받아 펀딩 금액 525만 원(350개×15,000원=5,250,000원)이 들어왔다. 우린 그 돈으로 에코백 450개를 제작했다. 후원자들에게 보낼 350개와 편의점에서 고객 선물로 쓸 100개. 펀딩 금액 525만 원에서 제작비 450만 원을 빼면 75만 원. 우리에게 75만 원의 이득이 생겼다. 순이익이 75만 원이라고 좋아하던 찰나! 아차, 택배비를 생각하지 못했구나. 에코백 350개를 택배로 보내야 하는데.

크라우드 펀딩 플랫폼과 연계해 할인을 받으면 건당 2000원! 에코백을 2~3개씩 펀딩해주신 분들도 계셔서 300곳에 보내면 된다. 그럼 다 해서 60만 원이 택배비로 든다. 그럼 남은 건 15만 원! 휴, 목표 금액보다 펀딩이 초과되어서 그나마 다행이다. 15만 원의 이득으로는 스티커를 제작하기로 했다. 찬이오빠의 일러스트 시안 5종류를 모두 스티커 하나에 작게 넣기로! 우린 스티커 제작 어플에 일러스트를 넣어서 스티커를 디자인했고, 이를 스티커 인쇄 업체에 맡겨 제작했다. 개당 300원의 비용이 들어 500개를 제작할 수 있었다. 펀딩해주신 후원자분들께 에코백 하나당 스티커 하나씩을 사은품으로 보냈다. 감사의 말씀도 작은 카드에 적어서 함께 넣었다.

-예쁘게 사용하시면 좋겠어요! 후원해주셔서 감사합니다. 스티커는 선물이에요.

5인 5색 CEO 5인방 드림

그렇게 하고 에코백 100개와 스티커 150개가 남았다. 각 에코백에 스티커를 하나씩 넣어두니, 남은 스티커가 50개. 우리 5인방이 10장씩 나눠 가지니 깔끔하게 끝!

찬이 오빠는 이번에도 디자인 감각을 발휘해서 홍보 포스터를 만들었다. 포스터를 편의점 문 앞에 붙이고, 기연이가 사진을 찍어 SNS에 올렸다.

선착순 100분!
2만 원 이상 구매고객께,
5인 5색 에코백을 드립니다.

행복편의점

포스터도 예쁘게 나와서 잘될 것 같은 예감. 예감은 적중
했다. 얼마 후 포스터를 보고 들어온 손님들, 기연이의 SNS를
보고 온 손님들로 행복편의점이 북적였다.

"18,000원입니다!"

"아, 2,000원어치 더 사야겠네!"

에코백을 받으려고 2만 원에 맞춰 물건을 더 사는 손님부
터, 에코백을 두 장 받을 수 없느냐고 묻는 손님까지. 에코백
100개가 이틀 만에 동이 났다. 더 신기한 현상은 그 이후에 나
타났다.

"띠~링!"

"어서오세요!"

"여기, 그… 힙한 에코백 주나요?"

에코백을 받으려고 멀리서부터 찾아온 손님들이 생긴 것. 이것을 보면 SNS의 위력이 대단하긴 하다. 기연이 SNS뿐만 아니라 행복편의점 에코백을 받은 손님들이 너도나도 SNS에 후기를 올렸다. 그것이 퍼지고 퍼지면서 우리 행복편의점은 급속도로 유명해졌다. 심지어 우리의 에코백을 리폼해서 크로스백으로 만들어 올리기도 했다. 정말 찬이 오빠의 일러스트가 멋지긴 한가 보다.

우리의 에코백은 추가 제작을 고민하는 중이다. 많은 손님들이 에코백을 원하고 있다. 이젠 사은품으로 받지 않아도 좋으니 따로 구매할 수 있었으면 한다. 이렇게 반응이 좋을 줄이야. 정말 놀라운 일이 아닐 수 없다. 이에 가세해 지원이 웹소설의 인기도 날로 늘어간다. 이젠 구독자가 10만! 웹소설, 에코백, SNS, 행복편의점 등이 연결돼있는 만큼 서로 영향을 주고받으며 갈수록 유명해지고 있다. 그리고 행복편의점도 나날이 바빠지는 중이다.

자금 조달,
기업을 키우기 위한 사람들의 도움

사업을 시작하려면, 자금이 필요합니다. 본인이 가진 돈으로 할 수도 있지만, 100% 본인 자금으로만 사업하는 경우는 드뭅니다. 사업자가 필요한 자금을 마련하는 방법으로는 주식·채권 발행, 금융기관으로부터의 대출, 크라우드 펀딩 등이 있습니다. 각각 무엇인지 알려드릴게요.

◆ 주식발행

여러분이 AI 디자이너 로봇 회사를 차렸는데, 개발을 위해 자금이 필요하다고 해볼게요. 친구 홍길동에게 찾아가서 말했어요.

"내가 AI 디자이너 로봇을 개발했거든. 대박 날 것 같아. 요즘 AI가 핫하잖아! 내게 1억 원 주면 너도 내 회사의 50%만큼 주인 시켜줄게."

그가 좋다고 여러분에게 1억 원을 주면 여러분은 주식을 발행해 홍길동에게 팔 거예요. 주식을 팔았다는 것은 회사의 소유권을 조각내서 팔았다는 것과 같습니다. 주식을 1억 원어치 샀는데 지분이 50%라면 회사 주식 전체가 2억 원이라고 생각할 수 있겠네요. 회사 주식 전체에서 내가 가진 주식이 차지하는 비중만큼 회사의 소유권을 가지는 거랍니다. 보유 지분만큼 회사의 의사결정권을 가지고, 이익이 나면 지분에 따라 이익을 나눠 가지는(배당) 권리를 가집니다. 주식을 산 사람 입장에서, 회사가 잘되면 주식의 가치가 올라가고 배당금도 많이 받고 좋지만 회사에 손실이 발생하면 투자했던 돈을 모두 잃을 수도 있습니다.

✦ 채권발행

앞의 예시와 마찬가지로 이번에도 AI 디자이너 로봇 회사를 차렸는데, 개발을 위해 자금이 필요한 상황이에요. 여러분의 친구 임꺽정이 말하네요.

"사업이 잘 안될 수도 있잖아. 난 회사 주인이 되는 건 원치 않아. 하지만 네 회사가 망할 것 같지는 않네. 네게 1천만 원을 빌려줄 수는 있어."

그럼 여러분은 임꺽정으로부터 1천만 원을 빌리고, 종이쪽지를 내

줍니다. 여러분이 임꺽정에게 내준 종이쪽지에 '1년 후에 1,100만 원을 갚겠음'이라고 쓰여있다고 합시다. 이 종이쪽지가 바로 채권입니다. 여러분이 채권을 발행해서 임꺽정에게 팔았다는 건, 여러분이 임꺽정에게 돈을 빌렸다는 뜻과 같습니다. 이 경우, 빌린 돈이기 때문에 회사 사정이 어려워졌다고 하더라도 회사가 망하지 않았다면 여러분은 반드시 약속한 1,100만 원을 약속한 날짜에 갚아야 합니다. 임꺽정 입장에서 채권이 일반적인 차용증서(돈을 빌려주고 받는 문서)와 다른 건, 돈을 갚기로 한 날짜(만기일)가 되기 전에는 언제든 팔 수 있다는 거예요.

◆ 크라우드 펀딩

크라우드 펀딩은 다수의 사람들을 의미하는 크라우드와 투자를 의미하는 펀딩의 합성어로, 창의적인 사업계획을 가진 개인이나 기업이 불특정 다수의 사람들로부터 자금을 투자받는 걸 말합니다. 여기서 가장 중요한 건 어느 특정한 투자자나 금융기관으로부터 투자를 받는 것이 아니라, 불특정 다수로부터 투자를 받는다는 거예요. 창의적인 사업계획을 가진 개인이나 기업이 자신의 콘텐츠나 시제품을 펀딩 중개 플랫폼에 소개합니다. 자신이 어떤 의미에서 이런 콘텐츠를 만들고자 하는지, 어떤 장점이 있는지 소개해서 다수의 사람들을 설득하는 거죠. 제품을 제작할 수 있는 최소 금액을 펀딩 목표액으로 설정하고, 펀딩 받는 기간도 설정해서 그 안에 투자를 받아요. 그 콘텐츠나 제품이 마음에 들어 그것에 투자하고 싶은 사람들이 투자하고요. 투자하면 그 대가로 무엇을 받아야 하잖아요? 크라우드 펀딩의 경우는 투자한 콘텐츠나 물건으로 대가를 받는 '보상형 펀딩'이 대부분이랍니다.

경제 속에 숨은 수학⑧

투자,
무엇보다 중요한 건 성장 가능성

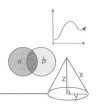

〈관련 교육과정〉

사회	수학
초등학교 사회4: 경제활동에서의 선택 **중학교 사회2**: 금융 생활(자산 관리) **고등학교 통합사회**: 시장경제와 금융	**초등학교 수학5**: 평균과 가능성 **초등학교 수학6**: 사건의 가능성, 백분율 **중학교 수학2**: 경우의 수와 확률

행복편의점 5인 5색 친구들이 크라우드 펀딩을 받아 만든 상품, 대성공을 이루었네요. 이벤트 증정품으로 끝내는 게 아니고, 에코백을 비롯해 다양한 상품을 디자인해서 만들어 팔고 싶어졌다고 해볼게요. 그렇다면 한 번의 제작 비용 300만 원이 아니라 더 많은 돈이 필요하겠지요. 비용을 마련하기 위해 5인 5색 주식과 채권을 발행하

기로 했다고 해봐요. 여러분은 주식과 채권, 둘 중 어떤 걸 사고 싶으세요?

주식을 사면 여러분은 5인 5색 회사의 동업자가 되는 거고, 채권을 사면 돈을 빌려주는 셈이 되는 거예요. 회사에서 이윤을 많이 낼 가능성이 크다면 주식의 기대수익률이 높아서 주식을 사는 편이 유리하고, 회사가 이윤을 많이 낼지 손해를 볼지 모르겠지만 부도가 날 가능성이 적다면 채권을 사는 편이 유리해요.

5인 5색 상품 디자인 회사의 비전, 경영방식 등을 조사하고, 이들 목표 고객들의 시장수요를 조사한 결과 회사가 부도가 날 가능성은 0.0001%에 불과하다 해보죠. 5인 5색 회사의 1년 만기 채권은 1년에 7%의 이자를 준다고 하고요. 이때 100만 원만큼 채권을 샀다고 하고, 기대수익률을 계산해보죠(중간에 채권을 팔지 않고, 만기까지 보유해서 이자를 받고자 한다고 가정하고요). 100만 원의 7%는 7만 원이므로, 1년에 이자를 7만 원 받는 거예요. 그런데 부도가 날 확률이 0.0001%라고 했어요. 그럼 0.0001%의 확률로 돈을 떼이게 되는 겁니다. 이건 다른 말로 하면, 99.9999% 확률로 약속한 이자를 받을 수 있다는 의미가 되는 거죠. 그렇다면 이 채권의 기대수익률은 다음과 같이 계산됩니다.

채권의 기대수익률:

$$\frac{\left[\left\{1,000,000+\left(1,000,000\times\frac{7}{100}\right)\times\frac{999,999}{1,000,000}-1,000,000\right\}\right]}{1,000,000}\times 100 \fallingdotseq 6.9999(\%)$$

부도나서 떼일 가능성이 거의 없다 보니, 약속된 이자율인 6.9999%에 가까운 6.99%가 기대수익률이 되네요.

채권의 경우, 부도만 안 나면 원금에 약속한 이자를 더한 금액을 무조건 받을 수 있지만 주식은 다릅니다. 회사가 얼마나 성장하는지에 따라 주식의 가격이 오를 수도 있고, 내릴 수도 있기 때문이죠. 만약 5인 5색 회사의 주가가 1년 후, 30% 확률로 70% 오르고, 40% 확률로 변동이 없고, 30% 확률로 40% 하락(-40% 손실)이 예상된다고 해볼게요. 이때 100만 원을 주고 주식을 샀다고 할 때 주식의 기대수익률은 얼마가 될까요? (1년 후 주식을 팔 생각이 있고, 그 전에는 팔지 않는다고 가정해요. 또한 배당금은 고려하지 않기로 해요)

주식의 기대수익률:

$$\frac{\left[\left\{\left(1,000,000+\frac{1,000,000}{100}\times 70\right)\right\}\times\frac{30}{100}\right]+\left[\left\{\left(1,000,000+\frac{1,000,000}{100}\times 0\right)\right\}\times\frac{40}{100}\right]+\left[\left\{\left(1,000,000+\frac{1,000,000}{100}\times 40\right)\right\}\times\frac{30}{100}\right]-1,000,000}{1,000,000}\times 90 = 9(\%)$$

주식의 기대수익률은 9%네요! 이 경우라면, 주식을 사는 편이 확률적으로 이득일 가능성이 커요. 하지만 언제나 손실을 볼 가능성도 있는 거예요. 30% 확률로는 수익률이 -40%가 될 수 있으니까요.

일반적으로 (튼튼한 회사의) 채권은 주식에 비해 기대수익률이 낮아 수익성이 낮지만, 원금손실의 가능성이 낮아 안전성은 높아요. 하지만 언제나 그런 건 아니에요. 높은 확률로 회사 경영실적이 매우 저조할 걸로 예상되는 경우엔 주식의 기대수익률이 더 낮을 수 있어요.

※ 경제학에서 일반적으로 주식의 기대수익률은 주식 가격과 비교했을 때 주식 1주가 1년간 벌어들이는 이익이 얼마나 되는지 그 비율(주식 1주가 1년간 벌어들이는 이익/주가)로 계산해요. 여기서는 편의상 확률적인 주식 가격변동에 따른 이익을 채권 이자와 비교해 봤습니다.

수학 개념

확률

주사위를 던졌을 때, 홀수의 눈이 나올 가능성이 얼마나 되는지 숫자로 표현해봅시다. 주사위 눈은 1부터 6까지 여섯 가지가 있고, 홀수는 1, 3, 5 세 가지가 있습니다. 홀수의 눈이 나오는 사건이 일어날 가능성을 수로 표현하면, $\frac{3}{6}=\frac{1}{2}$ 이 됩니다. 이처럼 특정 사건이 일어날 가능성을 수로 표현한 것을 '확률'이라고 합니다.

경제 개념

수익성과 안전성

금융자산에서 높은 수익률을 기대할 수 있으면 '수익성'이 높다고 하고, 원금손실의 가능성이 적으면 '안전성'이 높다고 표현합니다. 일반적으로 예금은 수익률은 낮지만 안전하고, 그에 비해 주식투자는 예금보다 높은 수익률을 기대할 수 있지만, 언제나 원금손실의 가능성이 있습니다. 이처럼 보통 수익성과 안전성은 음의 상관관계가 있어서 두 마리 토끼를 잡기는 힘들답니다. 하지만 주식투자를 한다고 해도, 다양한 기업에 투자한다면 수익률의 변동성이 줄어 상대적으로 안전합니다.

9장

우리만의 특색으로 브랜딩에서 홍보까지

편의점 CEO 5총사만의 고객 이해법

내 메일함에 알림이 떴네. 응? 해솔제과에서 나한테 무슨 일로? 메일을 열어보았다.

FROM 해솔제과

TO 유진

5인 5색 CEO님, 안녕하세요.

지난번에 제안해주셨던 크래커 패키지 콜라보

함께했으면 좋겠습니다. 미팅했으면 해요.

연락 기다리겠습니다.

지난번 우리의 콜라보 제안을 거절했던 해솔제과에서 보낸 메일이다. 비스킷 패키지 콜라보 제안을 받아들이겠다고! 안 한다고 할 땐 언제고? 음, 여기까지 소문이 난 건가? 난 톡으로 모임을 소집했다.

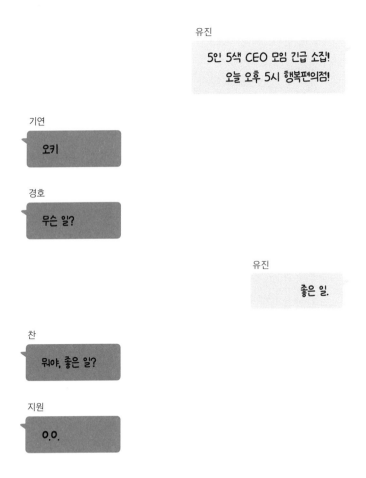

유진
5인 5색 CEO 모임 긴급 소집!
오늘 오후 5시 행복편의점!

기연
오키

경호
무슨 일?

유진
좋은 일.

찬
뭐야, 좋은 일?

지원
O.O.

우리랑 콜라보한 비스킷이 나온다고?

오후 4시 50분. 10분 일찍 도착한 경호가 편의점으로 들어오며 내게 물었다.

경호 유진아, 무슨 일로?
유진 좋은 일!
경호 뭐야. 불러놓고 얘기 안 하기야? 형은 알아요?

찬이 오빠는 어깨를 으쓱. 난 입이 근질근질했지만 참았다. 다 모일 때 깜짝 놀래키고 싶어서! 기연이, 지원이까지. 한 명씩 들어와 취식코너에 앉았다.

유진 우리… 해솔제과에서 콜라보하재!
경호 지난번에 안 한다고 하지 않았어?
유진 그러게. 그런데 오늘 협업하면 좋겠다고 메일이 왔어!
기연 어디 좀 봐봐.

내 이야기에 다들 놀라는 표정. 그리고 기연이는 바로 메일함 화면이 열려있는 내 스마트폰을 가져갔다.

기연 오, 정말이네? 오빠 여기 좀 봐요.

유진 미팅을 하자는데 언제가 좋아, 다들?

학원 수업이 없는 수요일. 방과 후로 정했다. 우리나라에서 가장 큰 과자회사 해솔제과와 미팅을 하다니! 너무 설렜다.

해솔제과 담당자 저희 비스킷 패키지에 일러스트 시안 다섯 가지를 모두 넣었으면 합니다.

찬 하나의 패키지에 그림이 다섯 개가 있으면 정신없어 보이지 않을까요?

해솔제과 담당자 패키지를 다섯 종류로 만드는 거예요. 모두 다른 걸로.

지원 네, 좋아요. 저희 일러스트로 스티커도 만들었는데요.

지원이가 스티커를 내밀었다.

해솔제과 담당자 오, 좋네요.

지원 이걸 붙였다 뗄 수 있는 스티커 형태로 만들어서 과자 상자 안에 하나씩 넣으면 어떨까요?

지원이의 제안은 받아들여졌고, 5인 캐릭터 중 하나씩만 과자상자에 넣기로 했다. 스티커가 랜덤으로 나오도록! 우린 해솔제과와 계약했고, 비스킷 패키지의 색과 서체도 선택했다. 다음 달부터 찬이 오빠의 일러스트가 그려진 비스킷이 출시된다. 일러스트 밑에는 지원이 소설에서 뽑은 명대사도 한 줄씩 들어간다.

"남과 다른 것도 괜찮아. 그게 우리 각자를 특별하게 만들거든."

"그는 점차 내게 스며들었다."

희귀하게 만드니까 사람들이 열광해

비스킷 패키지는 대사와 일러스트가 오묘하게 어우러져 시화를 연상시킨다. 비스킷이 출시되자마자 선풍적인 인기다. 다섯 종류인 그림 패키지를 모으려고 여러 개를 사 가기도 한다. 봄철에 없어서 못 팔던 스타워깡 못지않다.

들어오기만 하면 사라지는 과자. 패키지의 힘이 이렇게 대단한 걸까? '5인 5색' 웹소설과 더불어 캐릭터 팬들도 생긴 것 같다.

소설 속 찬이 오빠의 이름은 '홍', 기연이는 '에이'다. 매일 하교 후 들른다는 초등학교 여자아이 둘인 은지와 윤지. 과자를 계산하자마자 박스를 뜯어 동봉된 스티커를 꺼낸다.

"제발, 홍이 나왔으면!"

"으…. 이번에도 아니네!"

실망하는 아이들 모습이 귀엽다. 실제 주인공 찬이 오빠가 아이들에게 다가갔다.

"너희 5인 5색 좋아하나 보네?"

"네, 저희 홍을 좋아하는데. 홍은 잘 안 나와요!"

"어제도 비가 나왔는데, 오늘도 비."

"홍이 잘 안 나오니?"

"네, 홍이랑 에이가 레어템이에요."

은지가 똘똘하게 말했다.

"레어템?"

"네, 희귀하거든요. 원하는 애들은 많은데 무지 적거든요! 나왔다는 애를 거의 못 봤어요."

찬은 웃으며 말을 이었다.

"아, 그렇구나. 그런데 너희 희소성이란 말 아니?"

"희소성이요? 그거 들어봤는데!"

"나도. 희귀하다는 거랑 비슷한 말 아닌가요?"

은지와 윤지가 이어 말했다.

"우리 꼬마 아가씨들. 희소성을 들어봤구나?"

"네~"

"근데 희소랑 희귀는 비슷한 듯 달라."

"어떻게 달라요?"

"희귀한 건 존재하는 양이 적은 거고, 희소한 건 부족한 거야."

"네? 그게 그거 아닌가요?"

은지가 고개를 갸웃거리며 물었다.

"음, 하나뿐인 독버섯이 있다고 쳐봐. 이걸 가지고 싶은 사람이 있을까?"

"후훗, 아니요!"

"오빠, 난 가지고 싶은데요? 특별하니까."

윤지가 손사래 치며 아니라고 하는데, 은지는 눈을 반짝이며 말했다.

"은지는 세상에 하나뿐인 독버섯도 가지고 싶구나."

"네~. 그럴 것 같아요."

은지가 웃음기 가득한 표정으로 답했다. 찬이는 그런 은지를 바라보며 말했다.

"은지처럼 가지고 싶어하는 사람이 있으면 독버섯도 희소할 수 있어. 만약 세상에 하나뿐인 독버섯이라고 해도 원하는 사람이 없다면, 희소한 게 아니야. 단지 희귀할 뿐이지."

"희소성은 원하는 양에 비해 얼마나 부족한지를 나타내는군요?"

"윤지가 금방 이해했네!"

찬이의 말에 은지도 뒤질세라 말했다.

"저도 이해했어요!"

우리의 패키지로 포장된 과자의 인기. 스티커도 한몫하는 것 같다. 해솔제과에서 홍과 에이, 두 스티커 종류를 적게 넣었나? 찾는 사람에 비해 부족한 느낌이 팍팍 든다. 희소한 두 스티커 덕분에 사람들이 과자를 더 사 먹는 건 아닐지 모른다. 우린 일러스트와 '5인 5색'이란 이름을 디자인권 및 상표 등록을 했다! 이 이름이 브랜드가 될지 모를 일 아닌가.

맨날 똑같은 것만 먹는 사람은 없잖아

비스킷 패키지에서 자신감을 얻은 우리. 계속해서 경영 아이디어가 샘솟았다.

"우리가 일본에 갔을 때 보니까 직장인들이 편의점 도시락을 많이 사 가더라."

"아, 그거야 우리도 그렇지!"

경호가 일본 도시락 얘기를 꺼내자 지원이가 답했다. 나도 눈여겨봤던 터라 반가웠다.

유진 근데 일본 편의점은 좀더 구성이 다양했던 것 같아.

경호 맞아. 그래서 뭔가 질리지 않고 골라 먹는달까?

유진 요일별 도시락이 있으면 어떨 것 같아?

경호 요일별 도시락?

유진 요일별로 다른 도시락이 나오는 거지. 그럼 매일 바꿔
　　가며 사 먹을 수 있잖아.

경호 근데 우리 편의점은 우리처럼 학원 다니는 학생들이
　　많잖아.

유진 응, 그렇지.

경호 학원을 요일별로 다니는 애들이 꽤 많아. 화, 목 반에

다니는 애들은 매주 화요일과 목요일마다 같은 도시락을 보게 될 것 같은데?

유진 그렇겠네.

지원 그럼, 학교 급식처럼 매일 바뀌는 요리는 어떨까?

경호 좋은데. 그렇게 하면 반찬 종류가 너무 많아지는데, 제조업체에서 가능할까?

기연 학교 급식도 그렇고 회사 직원식당도 그렇고, 큰 회사에서 운영하는 경우가 많잖아? 그걸 도시락으로 만든다면?

경호 반찬을 7가지로 하고, 날마다 다르게 구성하는 게 아니라 매일 조금씩만 변화를 주어도 좋을 것 같은데?

기연 그래. 보통 학교에서도 급식 메뉴 한 달치를 미리 알려주잖아? 이렇게 계획을 짜고 반찬을 바꿔가며 도시락 만드는 것은 어렵지 않을 듯해.

경호 결제방식도 다양하면 좋겠어.

유진 결제방식?

경호 단골손님한테는 여기서 점심이든 저녁이든 간식이든 이용하면 할인해주는 거지. 한 달 정액권이나 20회 쿠폰 같은 걸 할인해서 팔면 어떨까?

기연 오! '고민하지 말고 여기로 오세요!' 하는 느낌인데?

경호 그렇네. 하나씩 사 먹는 것보다 싸야 정액권이나 횟수 쿠폰을 끊을 거고.

기연 응, 게다가 오늘은 메뉴가 뭘까 두근두근 랜덤 박스 여는 느낌도 있겠다!

지원 좋아. 나도 찬성.

기연 다이어터를 위한 도시락은 어때? 저칼로리 도시락 메뉴를 구성하는 거야.

유진 채식주의자들도 늘고 있잖아? 비건 메뉴도 만들면 좋을 것 같아!

기연 아, 그렇네. 비건을 위한 도시락 정액권도.

즉흥적인 경영 회의였다. 오늘의 하이라이트는 월정액 도시락! 매일 바뀌는 메뉴를 월정액으로, 혹은 쿠폰제로 할인해서 팔기. 저칼로리 도시락 메뉴와 비건 도시락 메뉴도 추가! 우린 이 아이디어를 도시락을 판매하는 식품회사 CL푸드에 제안해보기로 했다.

회사에선 우리의 아이디어를 긍정적으로 검토했다. 모든 편의점에 적용하기에 앞서 행복편의점에서 시범 운영해보기로 한 것!

더불어 이 도시락에는 우리의 브랜드를 붙이기로 했다. 이름하여 '5인 5색 도시락'. 찬이 오빠에게는 도시락에 맞는 5인 캐릭터를 그려달라고 의뢰했다. 이제부터 도시락에는 우리 캐릭터 스티커가 붙여져 판매된다. 우리의 브랜드가 생긴 것이다. 과자 패키지의 성공이 도시락에까지 확장된 것. 적지만 브랜드 이름에 대한 로열티도 지급받는다.

월정액권, 20회 쿠폰, 10회 쿠폰을 만들었다. 쿠폰 가격을 정해야 했다. CL푸드 도시락의 평균 가격은 5,500원, 생산비용은 평균 3,000원이라고 했다. 편의점에 오는 고객들을 상대로 수요 조사를 해봤다.

정액권 및 횟수 쿠폰의 가격이 얼마일 때 이것을 살 의향이 있는지 설문조사! 응답한 주 고객층은 학생들과 이들을 학원까지 데리러 와서 기다리시는 학부모님들이다. 또 가까운 아파트에 사시는 할머니, 할아버지들도 몇 분 계신다.

설문조사를 바탕으로 가격을 설정했다. 월정액권을 가장 싸게 책정했고, 이것을 기준으로 20회 쿠폰, 10회 쿠폰의 할인율을 정해야 했다. 어느 경우든 당연히 생산비용인 3,000원보다는 높게 설정해야 한다. 월정액권은 개당 가격을 4,000원 정도로 해서 12만 원, 20회 쿠폰은 개당 4,500원으로 해서 9만 원, 10회 쿠폰은 개당 5,000원으로 해서 5만 원으로 정했다.

판매와 재고 체크를 통해 고객을 알게 돼

결과는 어땠냐고? 첫 달보다 둘째 달, 둘째 달보다 셋째 달에 정액권 판매가 늘었다. 이젠 매월 마흔 명 정도가 정액권을 구매한다. 소문이 났는지, 혼자 사시는 할머니, 할아버지들이 찾아오셔서 정액권을 구매하셨다. 그리고 매일 도시락을 드시러 오신다. 점심이나 저녁이면 취식코너에 모여 앉아 식사 모임을 하시는 분들도 많았다. 예상하지 못했던 고객층이다. 우리 또래 친구들은 쿠폰을 많이 구매한다. 도시락도 좋지만 가끔은 샌드위치나 삼각김밥, 컵라면이 당길 때도 있어서 월정액권보다는 쿠폰을 선호하는 듯했다. 비건 도시락과 다이어트 도시락은 따로 정액권을 팔 정도의 수요가 되지 않아, 매일 한두 개씩만 들여왔다. 그런데 이에 대한 수요도 점차 늘고 있다.

"오늘은 비건 도시락 없어요?"

"네, 오전에 나갔는데 내일은 하나 빼드릴까요?"

"다이어트 도시락도 없나요?"

"그것도 나갔네요. 좀더 들여놔야겠네요."

"내일은 하나 빼놔주세요. 단호박 들어간 것도 나오면 좋겠어요."

"아, 네. 건의할게요."

비건 도시락과 다이어트 도시락을 찾는 고객들이 많아져서 발주를 늘리고 있다. 메뉴를 다양화해야 하는 건 아닐까? 매일 판매, 재고를 체크하면서 고객들의 선호가 얼마나 다양한지 더 알아간다.

브랜드,
도대체 그건 어떤 가치가 있어?

✦ 브랜드의 가치란 뭘까요?

여러분은 좋아하는 브랜드가 있나요? 브랜드는 그 자체로 자산으로서의 가치가 있을까요? 중학생 길동이는 언제나 N사 운동화를 신어요. 운동화 가게가 여러 개가 있지만, 꼭 N사를 고집해요. 조금 더 비싸도 N사 운동화를 사요. B사 운동화는 6만 원이고, N사 운동화가 7만 원인데도 말이지요. 길동이에게 왜 그러냐고 물었어요. 그랬더니 "N사 운동화는 힙하니까"라는 거예요. 조던의 이미지가 떠오르고, 세련되고 힙하다는 생각이 든대요. 신었을 때 편하기도 하고요. 이런 것을 브랜드 가치라고 합니다. 우리 말로는 '이름값'이라고 할 수 있지요. 입을 것이나 먹을 것이나 요즘 이름이 없는 상품은 거의 찾아보기 힘듭니다. 물론 이름만 붙어있다고 브랜드 가치가 있는 것은 아니에요. 사람들이 그 브랜드의 제품에 대해 좋은 인식을 갖고 있어야 브랜드 가치가 있다고 할 수 있지요. 비슷한 제품이라도 브랜드 가치가 있으면 더 비싼 값을 받을 수 있어요. 소비자들은 브랜드 제품을 이름값이 있으니까 제품의 품질도 좋을 것으로 생각해 믿고 값이 조금 비싸더라도 사려고 할 거예요. 제품이 더 비싼 값에 많이 팔리면 그 제품을 생산한 기업은 돈을 많이 벌겠지요. 그래서 브랜드 가치는 자산으로서 가치를 가져요.

✦ 세계 최고의 브랜드 가치를 갖춘 기업은 어디일까요?

매년 세계 최고의 브랜드 500개를 선정하는 브랜드 파이낸스 (Brand Finance)는 아마존의 브랜드 가치를 2,993억 달러로 계산해 세계에서 가장 가치 있는 브랜드로 선정했어요(2022년 기준). 2위는 애플로 애플의 브랜드 가치를 2,975억 달러로 평가했습니다. 브랜드 자체가 이렇게 큰 자산이 될 수 있다는 게 놀랍지 않나요? 브랜드의 가치를 높이자면 기업들은 어떤 일을 해야 할까요? 브랜드의 가치는 소비자들이 얼마나 그 브랜드에 대해 우호적인 이미지를 가지고 있는 가를 통해 결정됩니다. 그러므로 기업은 장기적인 전략을 가지고 소비 자들에게 꾸준히 좋은 품질의 제품을 제공하며 브랜드를 키워나가 는 노력을 해야겠지요.

디토 소비,
나도 너랑 같은 거 살래

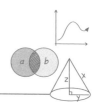

〈관련 교육과정〉

사회	수학
초등학교 사회4: 경제활동과 선택 **중학교 사회2**: 경제활동과 선택 **고등학교 통합사회**: 시장경제와 금융	**초등학교 수학3**: 수의 대소비교 **중학교 수학1**: 정수와 유리수

기연이는 메타버스 공간인 제페토에서 자신이 디자인한 의상, 액세서리도 판매하기 시작했대요. 인스타에 소개했더니 링크를 타고 들어와서 제페토에서도 금세 유명해졌다는 거 있죠? 기연이가 소개하는 음식, 패션, 스타일… 모두 함께 인기가 많다네요. 물론 5인 5색의 일러스트와 식품도 소개하죠! 브랜딩과 디토가 결합되어 그 효과가

더 큰 걸로 보여요. 브랜딩은 브랜드의 가치를 만들어 낸 건 알겠는데, 디토는 또 뭐냐고요? 디토(ditto)는 '나도'라는 의미예요. 인기 걸그룹 뉴진스의 노래 'Ditto'에도 'Oh say it ditto'라는 표현이 나와요. '너도 날 좋아한다고 말해줘'라는 의미로 쓰였죠.

요즘 소비를 하려고 온라인 쇼핑몰에 들어가면, 종류가 너무 많아 고르기 힘들 때가 있지 않나요? 너무 많은 대안이 있을 때 사람들은 오히려 선택을 힘들어하는 경향이 있거든요. 실제로 이를 실험한 경제학자가 있어요. 배리 슈워츠(Barry Schwartz)는 슈퍼마켓에서 6가지 잼과 24가지 잼을 시식할 수 있는 부스를 각각 설치하고 고객들의 반응을 지켜봤어요. 24가지 잼이 있는 시식대에 온 사람들은 3%만 구매했는데, 6가지 잼이 있는 시식대에 온 사람들은 30%가 구매했어요.

선택권이 너무 많으면 소비자들은 잘못된 선택을 하지 않을까 하는 두려움에 빠지고, 선택에 대한 만족도가 떨어진다는 거죠. 이런 현상을 '선택의 역설'이라고 해요. 그래서 요즘 소비자들은 자신이 좋아하는 사람의 제안을 따르게 되는 경우가 많은데, 이를 디토현상이라고 불러요. 무작정 인플루언서라고 따라 하는 게 아니고 자신과 잘 맞는 사람, 오랜 기간 지켜보며 신뢰가 쌓인 사람의 추천을 따르는 거죠. 기연이가 인플루언서로서 소통하며 고객과 신뢰를 쌓아온 덕분에, 기연이의 추천이 행복편의점 5인 5색 상품들의 매출에도 큰 영향을 주었어요. 이게 브랜딩과 디토의 가치라고 할 수 있죠.

그럼 디토소비를 하는 소비자들은 비합리적인 걸까요? 소비자 입장에서는 그동안 쌓아온 평판에 따라 신뢰할 수 있는 사람의 추천을 따름으로써 너무 많은 선택지들을 비교하는 데 소모되는 시간을 줄일 수 있어요. 구매 결정의 시간과 노력을 줄이는 게 디토소비의 편익이 되는 셈이죠! 물론 기회비용은 디토소비를 하느라 비교해보지 않아 놓치게 된 무언가가 될 수 있죠.

디토소비의 비용-편익분석	편익	기회비용
	수많은 선택지를 둘러보는 노력과 시간을 줄여줌	비교해보지 못해 놓친 대안

요즘은 분초사회라고 할 만큼 다들 바쁘게 살아가잖아요. 예전엔 정각, 30분 단위로 약속을 했다면 요즘은 흔히 오후 '5시 15분에 보자' 하기도 해요. 시간이 중요한 자원이 된 분초사회에서, 시간과 노력을 줄여준다는 편익은 소비자들에게 더욱 크게 다가올 거예요.

10장

K-김밥이 유행이라는데, 우리 수출 한번 해봐?

꿈을 현실화하려면 사업계획서는 필수

건의함을 마련하고부터 고객들의 건의사항을 경영에 반영하고 있다. 건의사항 중 하나는 모디슈머 레시피로 조리된 제품을 판매해달라는 것. 처음엔 이벤트 직후라 그러려니 했는데, 몇 달째 지속적으로 의견이 들어오고 있었다.

찬　우리 정말 제품을 만들어보는 거 어때?

찬이 오빠가 의견을 냈다. 이에 나는 놀란 표정으로 물었다.

유진 네? 그게 가능해요?
찬　우리 5인 5색 브랜드도 있잖아!

기연 그치! 제과회사랑 식품회사랑 콜라보도 해보고!

지원 맞아, 정액권 도시락도 우리 아이디어였고.

경호 음, 또 한 번의 도전이 되겠는걸. 이번엔 우리가 기획해서 사업계획서를 짜보자.

기연 그래, 해보자. 재밌겠다.

지원 좋아!

그런데 어떻게 써야 되는 걸까

모두 좋다고 동의하며 나를 바라봤다. 난 얼떨결에 고개를 끄덕였다. 우린 식품개발 사업팀이 되었다. 이미 개발된 레시피였지만, 이를 사업화하는 건 또 다른 문제였다. 학교에서 점심시간마다 우린 도서관에 모였다.

"사업계획서엔 뭐가 들어가야 하는 거지?"

전문적인 조언을 해주실 분이 없을까 고민했다. 나영 샘! 우리의 행복편의점 경영에 조언해달라고 나영 샘께 부탁드렸다. 샘과 대화를 나누며 작성한 우리의 사업계획서다.

우리가 직접 쓴 사업계획서를 들고 식품회사 CL푸드에 찾아갔다.

사업계획서

	편의점 모디슈머 푸드 개발
사업 개요	행복편의점 모디슈머 레시피 콘테스트에서 당선된 Top5 음식을 완제품으로 만들어 편의점에서 판매하고자 함.
산업분석과 트렌드	고객의 소리 사서함에 모디슈머 푸드에 대한 요청이 4개월간 지속됨. 모디슈머 레시피 콘테스트 직후부터 요청이 시작되었는데, 처음에는 행사의 여운으로 인한 일시적 수요라고 판단했음. 그러나 그 후 4개월간 꾸준히 접수(96건, 사서함에 접수된 요청 총 192건 중 절반 차지)되는 것으로 보아 지속적인 수요라고 판단함.
목표 고객	재미있고 차별화된 제품을 선호하는 청소년과 2030세대를 목표 고객으로 함. 편의점 매출에서 이색 콜라보 제품이 차지하는 비중이 20%로 상당히 높은 편임. 학원을 다니며 편의점을 이용하는 청소년들과 간단한 식사와 간식을 마련하러 편의점을 찾는 대학생 및 직장인들인 2030세대에서 재미있고 색다른 제품을 선호하는 경향이 뚜렷하게 발견됨.
사업의 차별적 특성	소비자들이 직접 참여해 개발한 레시피를 기반으로 나온 푸드 제품은 기존에 없었음. 요리 전문가가 아닌 일반 소비자들이 스스로 개발한 제품을 식품회사에서 조리해 편의점이라는 공간에서 판매하면 '고객×식품회사×편의점'의 3중 협업체제가 됨. 구매자인 동시에 생산자의 특성을 보이는 모디슈머가 많아지는 시점에 이와 같은 3중 협업체제는 고객들에게 매력적인 요소로 작용할 것으로 보임.

마케팅	목표 고객인 청소년 및 2030세대는 활발한 SNS 활동을 하는 경우가 많음. 이들은 새롭고 재미있는 걸 게시하고 알림. 이 과정 자체가 마케팅이 될 수 있음. 레시피 콘테스트 때 찍어둔 사진과 영상들로 홍보자료를 만들어 유튜브 및 SNS를 통해 홍보 가능함.
위험요인과 대처방안	처음에는 재미와 특별함으로 관심을 보이다가 이색적인 느낌이 사라지면 인기가 식을 수 있음. 주기적으로 모디슈머 레시피 콘테스트를 열어, 새로운 레시피를 개발하고 꾸준히 새로운 제품을 선보이고자 함.

"좋은데요. 좀 고민이 되긴 하네요."

CL푸드 개발팀장님은 우리의 사업계획서를 한참 동안 보면서 말씀하셨다.

유진 저희 편의점에서 콘테스트 열었을 때, 저희가 시식코너 만들었거든요! 반응이 아주 좋았어요.

경호 이후로도 몇 달간 계속해서 제품을 출시해달라고 요청도 있었고요.

CL푸드 개발팀장 새로운 제품을 만들려면, 어느 정도 수요가 있는지 조사가 필요해요.

지원 여러 분들이 요청하시는데도요?

CL푸드 개발팀장 그런데 행복편의점 고객들만 보고 제품을 만들 수는 없어서요.

경호 도시락은 해주셨었는데 이건 다른가요?

CL푸드 개발팀장 도시락은 이미 제품으로 팔고 있었죠. 그래서 메뉴만 좀 다양화하고, 정액권과 쿠폰제라는 판매 방식만 도입한 거잖아요?

경호 그렇죠.

CL푸드 개발팀장 완전히 새로운 콘셉트의 제품을 만들어내는 건, 좀 다른 문제예요.

찬 그렇다면 크라우드 펀딩을 받아보면 어떨까요?

기연 네, 저희 저번에도 크라우드 펀딩을 받아서 5인 5색 에코백과 스티커를 제작했거든요.

CL푸드 개발팀장 아, 그러셨죠?

기연 네! 크라우드 펀딩을 받으면, 그 자체로 수요 조사도 될 수 있을 것 같아요!

CL푸드 개발팀장 그렇겠네요. 좋습니다. 해보죠.

찬 잠깐만요! 저희의 브랜드 5인 5색을 제품명으로 써주세요!

CL푸드 개발팀장 네, 그러죠.

식품회사에서 음식 개발을 같이하재

이렇게 우린 5인 5색 모디슈머 음식 개발팀이 되었다. 우리는 모디슈머 콘테스트의 이야기부터, 어떤 과정에서 각 메뉴가 탄생했는지 스토리를 입혔다. 모디슈머 콘테스트에서 1위~5위를 차지한 '밥와플+쌀국수 세트', '망고빙수', '컵부대찌개', '바나나푸딩', '야채달걀죽'을 식품회사에서 우리의 레시피대로 시제품을 만들어서 사진을 찍었다. 시제품을 먹는 영상도 찍어서 식품회사 및 기연이 SNS, 식품회사 누리집 등에도 올렸다. 그곳에 ○○크라우드 펀딩 플랫폼에서 투자를 받고 있다는 것도 알렸다. 크라우드 펀딩 플랫폼에도 제품에 얽힌 스토리와 설명, 레시피와 함께 사진, 영상, SNS에서의 반응까지 함께 업로드했다. 기연이는 사진과 영상 촬영, 편집이 전문가 수준이다. 카메라를 음식 모드로 바꾸고 조명도 알맞게 비춘다. 거기에 자신이 먹는 모습도 필터를 사용해 찍으니 음식이 더 먹음직스러워 보였다. 반응은 가히 폭발적이었다!

다섯 가지 제품 중 구매자가 원하는 제품을 복수로 선택할 수 있게끔 옵션을 구성해두었다. 크라우드 펀딩 플랫폼에 이런 식품 개발과 관련된 제품이 드물어서인지 재밌어하는 반응이 많았다.

-오, 기대됩니다.

-빨리 제품을 받아 먹어보고 싶네요!

-편의점 음식의 재탄생!

-모디슈머 콘테스트, 또 열어주세요! 저도 레시피 제출하고 싶
  어요.

-이거 밀키트로도 만들어주면 안 되나요?

-밀키트! 좋을 것 같은데요?

경호 소비자들 의견을 보니 모디슈머 콘테스트를 또 열어달
  라는 의견이 많네. 밀키트를 구성해서 팔면 좋겠다는
  의견도 많고.

유진 밀키트가 뭐야?

기연 요즘 밀키트가 얼마나 많은데 그걸 몰라?

경호 모를 수도 있지! 음식을 만드는 데 필요한 재료들을 묶
  어서 파는 거야. 레시피도 함께 넣어두고!

유진 우리가 모디슈머 콘테스트 기간 내에 재료가 되는 편
  의점 제품들을 묶어서 판매한 것과 같은 개념인 거네?

경호 맞아. 그런 셈이지!

부디 우리의 시도가 성공이 되길

크라우드 펀딩에서 투자자들의 의견을 모으다 보니, 제품을 함께 만들어가는 느낌이 들었다. 수요 조사도 되고, 소비자들이 원하는 것도 더 알게 되고. 매일 늘어가는 투자금 액수를 보는 재미도 쏠쏠했다. 15일간의 펀딩 기간이 끝났다. 식품회사에서 주문량에 맞게 제조해서 택배로 발송하기로 했다. 식품회사에서도 투자 금액과 주문량에 놀라는 눈치였다. 5인 5색 모디슈머 제품 정식 출시가 얼마 남지 않은 느낌이다.

"이렇게 반응이 좋을 줄은 몰랐어요."

식품회사 개발팀장님이 함박웃음을 띠며 말했다.

"저희도요!"

"함께하게 되어 영광입니다. 처음에 누가 이런 아이디어를 냈나요?"

팀장님의 질문에 우린 모두 미소를 띠며 답했다.

"저희, 함께요!"

우리의 5인 5색 브랜드를 달고, 모디슈머 음식이 출시된다. 회사에서는 체험단을 선정하겠다고 했다.

"체험단이요?"

"네, 요즘은 제품을 출시하면서 많이들 해요."

"체험단이 뭐 하는 거예요?"

내가 물었다.

"체험해보고 후기를 남기는 거겠죠? 그쵸?"

기연이가 팀장님을 보고 물었다.

팀장님은 고개를 끄덕였다.

"그럼 체험단은 우리의 목표 고객과 비슷한 사람들이어야 겠군요?"

경호가 말했다.

"네, 그렇죠."

지난번에 펀딩을 받으며 살펴보니, 우리 같은 학생층과 20~30대들이 많았다.

"학생들이나 20~30대들이 주로 이용하는 누리집이나 온라인 몰, 혹은 많이 다니는 곳에 체험단 모집공고를 내면 좋겠군요?"

"맞아요. 여러분이 학생이니까 저희보다 더 잘 알겠네요."

우리는 피파 축구 모바일 게임, 메가공부 온라인 강의 배너, 화장품 몰인 코스몰 등에 모집 공고를 내면 좋겠다고 제안했다.

경호가 갑자기 팀장님께 질문했다.

"팀장님. 저희가 만드는 식품도 개발하는 비용이 들겠죠? 더 잘 팔릴 수 있게 체험단 사람들이 좋은 평을 내주면 좋겠어요.”

팀장님이 이전에 충분히 반응이 있었던 상품이니 잘될 것이라고 말했다.

팀장님의 목소리는 활기찼지만, 나는 좀 걱정되기도 했다.

“이전에 모디슈머 레시피 콘테스트 진행하면서 맛있다고 인정받았거든요. 그런데 이렇게 개발하는 비용도 저희 상품 가격에 반영이 되겠죠? 그런데 어떻게 그걸 모두 고려하고 상품 가격이 결정되는지는 잘 모르겠어요.”

내 이야기를 듣던 기연이가 밝은 목소리로 말했다.

“잘될 거야! 이거 아주 느낌이 좋거든.”

사업아이디어,
빛나는 희망부터 위험 요인까지 체크

여러분이 생각한 사업아이디어를 정리하는 게 사업계획서 쓰기예요. 아무리 멋진 사업아이디어도 머릿속에 있을 때와 실제로 써보는 것은 다르거든요. 적어보면 사업아이디어에 어떤 문제가 있는지 더 잘 보입니다. 사업 구상을 객관적이고 논리적으로 평가할 기회를 얻게 되는 거죠. 사업을 시작한 후에 문제점이 발견되면 고치는 데 시간과 비용이 많이 들잖아요. 시작 전에 계획서를 써보면서 아이디어의 세부 사항도 확인해보고, 또 숨은 문제점이 없는지 체크할 필요가 있습니다.

✦ 사업계획서의 구성 방법

사업계획서에는 전반적인 사업요약, 사업개요, 산업분석과 트렌드, 목표 고객, 사업의 차별적 특성, 위험요인과 대처방안 등을 적게 돼요. 전반적인 요약은 사업계획서 작성 중 가장 마지막에 적는 편이 좋아요. 다른 내용들을 모두 적은 후 항목당 2~3줄 정도로 요약해서 가장 앞 페이지에 두도록 하세요. 우리 편의점 5인방 친구들이 식품 회사에 사업계획서를 보여줬듯, 사업에 투자할 사람들에게 보여주는 경우가 많거든요. 사람을 만났을 때 첫인상이 중요하듯, 사업계획서의 첫인상을 좌우하는 게 바로 요약된 내용이에요. 그러므로 요약할 때 가장 중요한 내용을 선별해서 적어야 합니다.

사업 개요는 이 사업이 어떤 가치를 고객에게 제공하고, 그 가치를 구매하는 이유를 단순하고 알기 쉽게 설명하는 거예요. 산업분석과 트렌드는 사업개요에서 설명한 고객들의 수요가 존재하는 이유를 구체적인 근거를 들면서 설명하는 부분입니다. 투자자에게 사업이 성공할 수 있음을 설득하기 위해서는 목표 고객의 분석결과를 명확히 제시해야 해요. 목표 고객의 특징과 소비패턴 등을 구체적으로 얘기하면 좋습니다. 사업의 차별적 특성에는 이 사업만이 가지는 차별성을 매력적으로 이야기하면 되고요. 사업을 할 때 어떤 위험이 있을 수 있는지, 그런 위험에 어떻게 대처하고자 하는지도 적어보세요.

편의점 CEO 5인방이 쓴 사업계획서 양식이 도움이 될 거예요(사업계획서 양식은 부록2를 참조해주세요).

경제 속에 숨은 수학 ⑩

생산과 판매,
그래프가 보여주는 우리의 미래

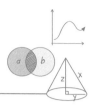

〈관련 교육과정〉

사회	수학
초등학교 사회4: 필요한 것의 생산과 교환 **초등학교 사회6**: 경제주체의 역할 **중학교 사회2**: 경제생활과 선택	**초등학교 수학5**: 규칙과 대응 **중학교 수학2**: 일차함수와 연립일차방정식의 관계 **고등학교 수학**: 연립일차부등식 **고등학교 경제수학**: 부등식의 영역

　5인 5색 브랜드, 새로운 제품 개발해서 출시도 하고 대단하네요! CL푸드에서 제품 개발을 추진할지 고민을 많이 했죠? 새로 제품을 개발하는 데 비용이 꽤 들어가는데, 팔리는 수가 적으면 손실을 보기 때문이었어요. 어떤 제품을 생산해 판매하려고 할 때는 얼마의

가격에 최소한 얼마 이상 팔릴 때 이득이 나는지 따져봐야 합니다. 그런 다음 최소한 손해 보지 않을 만큼 생산해서 판매해야 합니다.

행복편의점이 여름을 맞아 시원한 레모네이드를 판매하려고 한 대요. 하루에 몇 잔 이상 팔아야 이윤을 낼 수 있을까요? 판매수입 (가격판매량)이 생산비용보다 많으면 이윤이 생기고, 적으면 손실이 생겨요. 이번 레모네이드는 푸른빛이 돌면서 맛이 독특한데, 특별한 비법이 있다고 해요. 그 비법을 연구하는 데 쓴 비용과 조리에 필요한 도구들을 산 금액이 60,000원이라고 해볼게요. 레모네이드를 한 잔 만들 때마다 500원씩 들어간다고 하고요.

레모네이드를 x잔 만드는 데 드는 비용을 y원이라고 하면, x와 y 사이의 관계식을 구할 수 있어요. $y=500x+60,000$입니다. 6만 원은 레모네이드를 몇 잔 만드는지와 상관없이 지출한 비용이니까요. 레모네이드 가격은 2,000원으로 정했어요. x잔 팔아서 얻은 판매수입(매출액)을 y원이라고 하면, 이 둘의 관계식은 $y=2,000x$가 됩니다. 이것을 그래프로 나타내볼까요?

그래프를 보면, 레모네이드를 몇 잔 이상 팔아야 이윤이 생기는지 찾을 수 있을 거예요. 판매수입인 빨간 선이 생산비용보다 위에 있게 되는 수량! 찾으셨나요? 40잔에서 판매수입과 생산비용이 같아지고, 40잔이 넘을 때 이윤이 생기네요! 적어도 41잔 이상은 팔아야 이윤이 생깁니다. 식으로만 생각할 때보다 문제 해결이 잘되지 않나요?

이렇게 그래프를 그려보면 식으로 풀리지 않던 게 직관적으로 보이는 경우가 종종 있답니다.

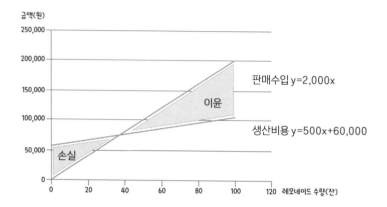

수학 개념

방정식

두 변수(변하는 수) 사이의 규칙적인 대응 관계가 있다면 이를 식으로 나타낼 수 있습니다. 이때, 변수의 값에 따라 식이 참일 수도 있고 거짓일 수도 있으면 이 식을 방정식이라고 해요. (변수는 두 개 이상이 될 수 있습니다)

독립변수와 종속변수

두 변수 중 먼저 변하는 변수를 독립변수, 그에 따라 값이 달라지는 변수를 종속변수라고 해요. 레모네이드 생산량과 판매수입 두 변수에서는 생산량이 독립변수, 판매수입이 종속변수가 되는 거예요.

방정식의 해와 함수의 교점

두 방정식을 모두 참으로 만드는 수를 연립방정식의 해라고 합니다. 사례에서는 '40잔', '80,000원'이 생산비용 및 판매수입 두 방정식을 모두 만족시키는 '연립방정식의 해'가 됩니다. 함수인 두 방정식을 그래프로 그려보면, 만나는 점(교점)이 생기는데 이 교점이 바로 연립방정식의 해와 같습니다.

경제 개념

판매수입

판매수입은 판매해서 들어온 금액을 말해요. '가격×판매량'으로 구할 수 있습니다.

생산비용

생산에 들어간 비용을 말해요. 생산량에 관계없이 지출해야 하는 비용을 고정비용이라고 하고, 제품을 하나 생산할 때마다 더 들어가는 비용을 가변비용이라고 부릅니다. 여기서는 고정비용이 60,000원이었고, 레모네이드 한 잔당 500원씩 들어가는 비용이 가변비용입니다.

11장

미국 시장에 진출하려면 김밥 만들기만큼 환율도 알아야지

수입과 수출은 동전의 양면

찬이 오빠가 곧 시카고 예술대학으로 떠난다. 그동안 준비해온 포트폴리오 작업으로 입학 허가를 받았단다. 축하해야 하는데, 서운하다. 찬이 오빠가 미국으로 가면 행복편의점의 빈자리가 채워지기 힘들 것 같다. 내가 이러니 기연이는 오죽할까 싶었는데 의외로 담담하다.

"아니, 뭐. 괜찮아. 내가 날아가지 뭐."

역시 긍정적인 기연이다.

우린 찬이 오빠가 떠나기 전에 뭉치기로 했다. 준우까지 모두! 우리는 주말에 영화관에서 만났다.

"영화엔 팝콘 아니겠어? 오늘은 내가 쏜다!"

"오빠 영화 티켓이면 충분한데요. 이건 제가 낼게요!"

찬이 오빠와 기연이의 실랑이를 보며 경호가 말한다.

"에구 뭐야. 둘! 커플 아니랄까 봐."

"오빠가 미국에 가면 기연이가 아쉬워서 어째요."

내 마음에 있던 말이 톡 튀어나왔다.

"방학에 또 나올 텐데 뭐. 그리고 우리에겐 줌(Zoom)도 있잖아!"

아, 줌! 화상회의. 이런 기술이 있어서 다행이다.

"그러네요. 오빠 CEO회의에도 꼭 참석해주셔야 해요!"

"당연하지!"

내 말에 찬이 오빠가 고개를 끄덕였다.

"영화 시작 시간 다 되어간다. 얼른 주문하자!"

시간 알림 해주는 경호.

"전… 팝콘 미디엄 사이즈랑 콜라…. 엇, 아니…."

팝콘 미디엄 사이즈랑 콜라를 주문하려고 했는데, 메뉴를 보니 '팝콘 라지 사이즈+콜라' 세트와 가격이 같은 게 아닌가.

"팝콘 라지+콜라 세트 할게요!"

신기해서 메뉴 사진을 찰칵. 대체 왜 이렇게 메뉴를 구성하는 걸까?

팝콘 메뉴에도 마케팅이 있네

영화가 끝나고 어둠 속에서 나왔다. 중학교만 졸업한 작곡가의 이야기로 실화를 배경으로 했단다. 영화에서 주인공이 던진 메시지를 스마트폰 메모장에 정리했다.

꿈을 이루는 데 정답은 없다.
다들 그렇게 한다고 해도 나는 다르게 살고 싶다.
남들과 다른 길을 걷는다고 불안할 필요가 없다.

고등학교 1학년 1학기를 마치고 자퇴한 주인공. 남들과 다른 길을 걷자 주변의 우려가 많았지만, 꿋꿋하게 자신의 길을 간다. 멋지다. 내 꿈은 뭘까. 난 뭘 잘 하고, 좋아하는 걸까. 시간이 걸리더라도 그걸 찾아야지 싶다. 메모장을 닫는데 아까 찍었던 팝콘 메뉴 사진이 보였다.

"아까 이거 신기했어!"

내가 사진을 친구들에게 내밀며 말했다.

MENU

1. 팝콘(S) 3,000원
2. 팝콘(M) 4,500원
3. 팝콘(L) 5,000원
4. 팝콘(L)+ 콜라 5,500원
5. 콜라 1,000원

유진 '단품으로 팝콘 미디엄 사이즈를 선택하고 콜라를 구입하면 4번 선택 메뉴인 '팝콘 라지 사이즈+콜라 세트'와 가격이 같거든!

기연 맞아. 나도 그래서 4번 세트 주문했는데! 팝콘이 좀 남긴 했지만.

지원 주인아저씨 진짜 수학을 못하시나 보네.

준우 음, 그거! 내 생각은 좀 달라. 주인아저씨의 치밀한 계산일 수도 있어!

경호 아저씨 음모론?

준우 3,000원짜리 스몰 사이즈가 5,500원짜리 라지 사이즈 +콜라 세트보다 더 이익인지는 확실히 판단할 수가 없어.

유진 응, 그렇지.

준우 그런데 5,500원에 미디엄 사이즈와 콜라를 주문하는 것보다는 5,500원에 라지 사이즈+콜라 세트를 주문하는 게 훨씬 이득이라는 건 분명히 알 수 있어. 후자를 주문하면 무료로 팝콘 사이즈를 업그레이드해 주는 셈이니까.

유진 당연히.

준우 그럼 '거저잖아! 이걸 골라야겠군!'이란 소리가 마음속에서 울리지 않아?

유진 맞아, 그렇긴 해.

경호 오, 준우의 음모론 그럴듯한데?

준우 만약 콜라 없이 팝콘만 먹는다고 해도 라지 사이즈를 고를 가능성이 커. 스몰과 미디엄은 1,500원 차이가 나는데, 미디엄과 라지는 500원 차이밖에 안 나잖아. 가성비로 봤을 때 상대적으로 라지 사이즈가 이득인 것처럼 느끼게 만드는 거지. 콜라가 필요하다면, 당연히 라지+콜라 세트를 주문하게 될 거고.

역시 심리학과 뇌과학을 공부해서인가. 준우는 마케팅의

천재 같다. 그러고 보니 가끔 집에서 배달시켜 먹는 햄버거 생각이 났다. '햄버거+프렌치프라이+콜라 세트' 가격이 햄버거 단품 가격과 비슷하다. 프렌치프라이와 콜라가 추가되었는데도 가격이 500원밖에 차이가 안 난다. 프렌치프라이와 콜라가 500원이니 거저나 다름없어서 세트로 주문하곤 한다.

경호 준우, 행복편의점 CEO로 영입하고 싶은데?

기연 그러게. 찬이 오빠 빈자리를 네가 좀 채워주라.

유진 준우야, 너희 엄마 아직도 반대하셔?

준우 요즘. 엄마도 하고 싶으면 같이해도 된다고. 엄마가 불안해서 내가 하고 싶은 걸 막은 것 같아 미안하셨대.

유진 좋아! 너도 함께할 거지?

준우는 두 손으로 작은 원 두 개를 만들었다. O.O!

드디어 K-김밥을 수출하다

든 자리는 몰라도 난 자리는 안다고 했던가. 찬이 오빠의 빈자리가 꽤 크게 느껴졌다. 물론 화상회의는 하고 있지만. 사장님은 점장을 따로 뽑지 않으시고 직접 나오기 시작하셨다.

"면접 온 사람들이 찬이 같지 않아 눈에 차지 않더라고."

맞지. 찬이 오빠만 한 사람은 없지. 붙임성 있는 기연이는 사장님과도 잘 지낸다. 알바하는데 사장님이 있어도 전혀 불편하지 않다는 걸 보면 사장님은 좋은 분 같다. 추석 연휴. 5인방은 우리의 아지트, 행복편의점에 모였다. 밖에는 가을비가 추적추적 내리고 있다.

기연 오늘 찬이 오빠도 줌 연결하기로 했어.

유진 시카고는 지금 새벽 아니야?

기연 찬이 오빠 올빼미거든.

새벽 아니냐는 내 물음에 기연이가 두 손으로 안경을 만들어 반달눈 위로 가져다 대며 말했다. 기연이는 태블릿으로 화상회의에 연결했고, 버튼을 눌러가며 필터를 골랐다. 화면 속 얼굴이 뽀샤시해 보이는 효과가 있단다. 기연이는 사진이나 영상 찍을 때도 예쁘게 나오는 법을 잘 안다.

준우 형! 오랜만이에요.

유진 오빠. 잘 지내죠?

지원 더 멋져지면 반칙인데?

우린 화면 속의 찬이 오빠를 보며 인사말을 건넸다. 오빠네 학교는 시카고 시내 한복판에 있다고 했다. 오빠가 다니는 대학교는 상가와 대학 건물이 함께 섞여 있단다. 고립된 학교 속에서 생활하는 게 아니라 도시, 그리고 사람들과 활발히 상호작용하는 느낌이라 더 좋다고 했다. 그러면서 요즘 미국인들이 K-컬처에 굉장히 관심이 많다는 이야기를 꺼냈다.

찬 여기 친구들, K-팝 진짜 좋아해. 덕질하는 애들도 꽤 있다니까!

기연 미국에서 아이돌 덕질?

찬 응. 대학생들도 포토카드를 모은다니까?

지원 누가 제일 인기 많아요?

아이돌에 대해 얘기하다가, 음식 얘기가 나왔다.

찬 그 가수들이 리얼리티 프로그램에서 뭘 먹으면 다음 날 그걸 찾아다니며 먹어. 지난주에는 나더러 비빔밥 집 아는 데 있냐고 해서 같이 가서 먹었거든. 맛있다고 싹싹 비우더라고!

경호 맵지 않대요?

찬 고추장을 아주 조금만 넣었으니까! 근데 어제는 내게 KIM-BOP, KIM-BOP! 하는 거야.

경호 킴-밥? 김밥이요?

찬 응, 김밥. 근데 김밥집은 내가 못 봤거든. 근데 미국 애가 킴밥 킴밥하니까 나도 김밥 생각 나는 거 있지. 경호의 와플삼각김밥! 그립다.

경호 형! 그거 사업 아이템 될 것 같은데요?

찬 그게 무슨 말이야?

경호 김밥을 수출하면 좋을 것 같아요!

찬 오, 좋은데?

찬이 오빠와의 화상회의를 하며 나온 김밥 수출 아이디어. 처음에 나는 말도 안 된다고 생각했다. 김밥은 산 지 몇 시간만 지나도 딱딱해지는데 어떻게 수출하겠다는 걸까. 경호는 뭔가를 찾아본다고 말했다.

다음번 5인방 정기모임이었다. 경호가 편의점 문을 열고 들어왔다.

경호 방법을 찾았어. 급속냉동!

준우 급속냉동?

경호 40초 내로 냉동시키면, 데웠을 때 다시 촉촉해진대!

유진 식품회사 팀장님하고 얘기한 거야?

경호 응. 실험도 마쳤는걸?

내 물음에 경호는 벌써 실험도 마쳤다고 했다. 대단한 추진력이다. 난 아이디어가 있어도 뭔가 추진하는 힘은 부족해서 경호의 이런 면이 멋져 보이곤 한다.

해외 소비자들은 뭘 좋아할까

경호 그냥 전화로 상의드렸는데 일이 잘 풀린 거지. 미국에서 K-컬처가 붐인 걸 아시더라고! 지난주 식품회사에 가서 급속냉동한 김밥을 데워서 먹어봤는데, 진짜 금방 만든 김밥처럼 맛있었어.

지원 그럼 수출하는 거야?

경호 수출해야지.

지원 이번에도 5인 5색 브랜드로 가는 거야?

경호 응! 그러기로 했어.

유진 이번에도 우리가 패키지 디자인하는 거야?

내 물음에 경호는 고개를 끄덕이며 지원이를 보며 말했다.
"지원이 네 웹소설에서 문구 몇 개 골라줘. 그거랑 맞춰서 찬이 형한테 일러스트 해달라고 하자."

이번엔 식품회사와 바로 계약을 맺고 진행했다. 일이 착착 진행되었다. 그런데 걸림돌이 생겼다. 수입되는 냉동식품 속 육류에 대한 규제가 있단다. 우리가 추진 중인 건 불고기 김밥이었는데, 불고기가 규제에 걸린다는 것. 그럼, 어쩐다? 불고기 김밥에서 불고기를 빼면, 음…. 그 맛은?

기연 불고기가 안 된다면 유부는 어때? 불고기 양념이 다른 재료랑 어우러져서 맛있잖아? 유부에 불고기 양념을 해도 은근 잘 맞을 것 같아. 내가 비건이라 두부, 유부를 많이 쓰거든.

경호 오, 좋은데?

기연이의 제안대로 불고기 양념을 한 유부를 넣고 김밥을 싸봤다. 단무지, 당근, 시금치, 밥, 김과 어우러져 맛있었다. 우리의 의견대로 냉동김밥이 만들어졌고, 미국 마트와 수출 계약까지 했다.

유진 미국 마트에서 얼마 정도에 판대?

경호 팀장님 말로 5,000원 선으로 생각한다고 하셨어. 우린
비용이 원화로 드는 거니까 원화로 생각한다고.

경호 요즘 환율이 올랐잖아. 1달러에 1,300원 정도 할걸? 대
략 1,300원을 기준으로 하면 대략 3.9달러가 되겠다.
환율이 오르니 달러 표시가격이 싸졌군! 수출하는 데
더 좋은걸?

유진 그러네. 4달러도 안 되니까.

지원 미국인들 입장에선 20%나 싸게 사는 거네!

기연 오! 진짜.

준우 원화 가치가 낮아지니까 수입품 물가가 비싸져서 힘든
건 있지만, 또 수출할 땐 좋구나.

어쩐지 예감이 좋다.

달러와 원화,
상승과 하락의 딜레마

행복편의점 5인방 친구들, 미국 시장으로 진출하다니 대단하네요. 수출하거나 수입할 때, 어떤 돈을 쓸까요? 안타깝게도 원화는 쓰지 못해요. 가장 널리 쓰이는 게 미국 달러입니다. 유럽의 유로화, 영국의 파운드화, 일본의 엔화 등이 쓰이기도 하고요. 수입할 때는 원화를 달러로 바꿔서 물품 대금을 지급하고, 수출해서 받은 달러는 원화로 바꾸게 됩니다. 외국 돈과 원화는 어떤 비율로 바꿀까요?

✦ 환율은 어떻게 결정될까

두 화폐 사이의 교환비율을 환율이라고 합니다. 달러랑 원화랑 바꾸는 비율이 1달러당 1,300원이라면, 원/달러(USD/KRW) 환율을 1,300원이라고 표현해요. 결국 1달러를 1,300원 주고 사는 셈이죠. 그럼 환율은 외화의 가격이라고 볼 수 있겠죠. 어떤 상품에 대한 가격은 사고자 하는 쪽(수요)과 팔고자 하는 쪽(공급)에 의해 결정됩니다. 사려는 사람이 많아지거나, 팔려는 사람이 줄어들면 가격이 오르죠. 반대로 사려는 사람이 줄어들거나, 팔려는 사람이 많아지면 가격이 내리고요. 외화도 마찬가지예요. 외화를 사려는 사람이 많아지거나 팔려는 사람이 줄어들면 환율이 오르고, 반대의 경우엔 환율이 내려갑니다.

✦ 환율에 따라 원화 가치가 변한대

1달러당 환율이 1,000원일 때와 2,000원일 때, 어떤 때 원화 가치가 높은 걸까요? 1달러당 1,000원일 때죠. 1달러를 2,000원 주고 사는 것보다 1,000원 주고 사는 것이 원화의 가치가 높은 것이지요. 1달러당 환율이 1,000원에서 2,000원이 되었다면, 우리는 환율이 상승했다고 표현해요. 환율이 상승하면 원화 가치가 외국 화폐에 비해 상대적으로 낮아졌다고 볼 수 있죠.

✦ 항상 유리하지도, 불리하지도 않아

1달러당 환율이 1,000원에서 2,000원으로 상승했다고 해봐요. 환율이 상승하면 수출과 수입에 어떤 영향을 줄까요? 환율이 상승해 우리 돈의 가치가 낮아지면 수출할 때 유리해질 가능성이 커요.

우리가 2,000원짜리 볼펜을 수출한다고 해볼게요. 1달러당 1,000원일 때 2,000원짜리 볼펜이 미국에 수출되면 2달러(운반비나 세금 등 비용은 없다고 치죠)가 됩니다. 그런데 1달러당 2,000원이 되면, 2,000원짜리 볼펜이 미국에서는 1달러로 달러 표시가격이 싸져요. 미국인 입장에서는 2,000원짜리 한국 볼펜이 갑자기 반값이 된 것같이 느껴지지 않을까요? 이처럼 외국 돈에 비해 원화 가치가 낮아질 때, 가격경쟁력이 생기는 셈이죠!

반면 수입품의 원화 표시가격은 비싸집니다. 미국에서 100달러짜리 제품을 수입한다고 해보죠. 1달러당 1,000원일 때 100달러짜리 제품은 우리나라에서 10만 원에 팔려요. 그런데 1달러당 2,000원이 되면 100달러짜리 제품을 20만 원에 사게 되는 거죠. 그러면 수입하는 물건의 가격이 비싸게 느껴지겠죠? 외국에서 수입해야만 하는 석유 등 원자재와 밀 등의 농산물 가격도 비싸져서 우리 경제에 미치는 영향이 클 거예요. 환율변동은 이렇게 동전의 양면과 같아요. 외국 돈에 비해 우리 돈의 가치가 지나치게 높아지는 것도, 낮아지는 것도 좋지 않답니다.

환율 표기방법

국제표준기구(International Organization for Standardization)에서 정한 환율 표시방법에 따르면, 기준이 되는 돈이 앞에 위치해요. USD는 미국 달러, JPY 일본 엔화, KRW 한국 원화를 의미하는데, 1달러와 교환되는 원화 액수를 표시하고 싶을 때는 USD/KRW, 100엔과 교환되는 원화 액수를 표시하고 싶을 때는 JPY/KRW로 표기합니다. 일반적으로 한글로 원/달러로 표시한 경우 1달러와 교환되는 원화를 의미하고, 원/엔으로 표시한 경우 100엔과 교환되는 원화를 의미합니다.

경제 속에 숨은 수학⑪

해외 직구,
돈은 탄력적으로 움직여

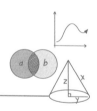

〈관련 교육과정〉

사회	수학
초등학교 사회6: 경제주체의 경제활동 **중학교 사회2**: 국민경제와 국제거래 **고등학교 경제**: 세계시장과 교역	**초등학교 수학6**: 비와 비례, 비례식 **중학교 수학1**: 문자와 식 **고등학교 경제수학**: 환율

　여러분 인터넷 쇼핑 자주 하나요? 저는 장보기부터 의류, 가방, 가전제품까지 온라인으로 많이 사요. 조금 비싼 물건을 살 때는 여러 곳에서 가격비교를 하고 사죠. 외국 물품을 살 땐, 우리나라 쇼핑몰에서만 비교하는 게 아니라 미국 아마존이나 유럽, 일본 사이트도 비교하곤 해요. 수입되면서 세금이 붙는 데다, 수입하는 회사에서도 이

익을 붙이기 때문에 직접 외국 사이트에서 구매하는 편이 쌀 때도 있더라고요. 일정 금액이 넘어가면 외국 사이트에서 직접 구매를 하더라도 수입에 따른 세금을 내야 하지만요.

미국 물건은 아마존에서 구매를 해왔는데요, 계속 쓰던 화장품을 주문하고 보니 결제된 금액이 예전에 비해 많더라고요. 6개월 전에는 55,000원 결제했던 것을, 지난주에는 65,000원 결제했어요. 6개월 전이나 지난주나 분명 표시가격은 50달러로 같았는데 말이에요. 왜 그랬던 걸까요?

미국 달러의 가치가 우리나라 원화에 비해 높아져서랍니다. 2년 전 1달러는 1,100원의 가치가 있었는데, 지금(2024년 기준)은 1,300원대로 가치가 높아진 거예요. 외국 돈과 우리나라 돈을 교환하는 비율을 환율이라고 하는데, 미국 달러에 대한 환율이 오른 거죠. 아마존 사이트에서는 가격을 달러로 매겨놓으니, 환율이 오르면 우리가 원화로 지급해야 하는 금액이 커지는 거랍니다. 6개월 전 결제한 금액을 X_1, 지난주 결제한 금액을 X_2라고 하면 다음과 같이 계산할 수 있어요.

〈2년 전〉 1달러 : 1,100원=50달러 : X_1, X_1=55,000

〈지난주〉 1달러 : 1,300원=50달러 : X_2, X_2=65,000

반면 일본 사이트 라쿠텐에서 구매하던 건강보조식품은 좀 싸졌더라고요. 이 경우도 엔화로 표시된 가격은 동일한데 말예요. 이건 일본 엔화에 대한 환율이 전보다 조금 내려갔기 때문이에요. 2년 전 100엔당 1,000원 정도 하던 일본 엔화에 대한 환율이 지금은 100엔당 900원 정도 되거든요.

환율은 매일 바뀌고 있어요. 물품 가격이 변하는 것처럼 말예요. 그러니 환율을 외국 화폐의 가격이라고 생각하면 됩니다. 사과를 찾는 사람이 많아지면 사과 가격이 오르는 것과 마찬가지로, 달러를 찾는 사람이 많아지면 달러 가격인 대미환율이 오르는 것이랍니다.

미국 달러에 대한 환율이 높아지면, 우리나라 사람들에게 어떤 영향을 줄까요? 달러 가치에 비해 원화 가치가 떨어진 셈이니 우리 입장에서 당연히 나쁘다고 생각할 수도 있어요. 하지만 꼭 그런 것만은 아니랍니다. 삼성전자에서는 반도체를 많이 수출하는데요, 얼마 전 기사를 보니 환율 덕분에 반도체 수출에서 이익을 봤다고 하더라고요. 대미환율이 오르니, 달러로 가격을 매긴 미국 물건을 원화로 구매할 때 결제되는 원화가 많아졌잖아요.

반대로 원화로 가격을 매긴 수출품을 달러로 구매할 때 결제되는 달러는 줄어드는 거예요. 그러니 미국 입장에서는 한국산 반도체 가격이 이전에 비해 싸게 느껴져서 더 많이 구매할 수도 있죠. 환율이 오른 덕분에 오히려 반도체 수출이 늘고 이익이 커졌다는 이야기였어요. 그렇다고 모든 수출품이 이익을 보는 건 아닙니다. 외국에서 재료를 수입해서 완제품으로 만들어 수출하는 경우, 수입되는 재료비가 비싸지면 큰 이익을 거둘 수 없죠. 삼성전자의 경우도 반도체 수출에 따른 이익은 커졌지만, 완제품 수출 쪽에서는 이익이 오히려 감소했다고 하더라고요. 이처럼 환율의 변화는 동전의 양면과 같답니다.

수학 개념

비례식

비 3:5에서 3과 5를 비의 항이라고 하고 기호 : 앞에 있는 3을 전항, 뒤에 있는 5를 후항이라고 해요. 비율이 같은 두 비를 등호(=)를 사용하여 나타낸 식을 비례식이라고 합니다. 바깥쪽에 있는 두 항을 외항, 안쪽에 있는 두 항을 내항이라고 하는데, 비례식에서 외항의 곱과 내항의 곱은 같아요.

JPY/KRW 환율조회 URL

http://m.site.naver.com/13ZlB

USD/KRW 환율조회 URL

http://m.site.naver.com/13Zm5

경제 개념

환율

두 화폐 사이의 교환비율.

미국 달러와 원화를 1달러: 1,000원으로 교환한다면, 미국 달러에 대한 환율은 1,000원이라고 표현합니다. 만약 달러에 대한 환율이 1,400원이 되었다면, 환율이 상승했다고 표현해요. 환율 상승은 달러에 비해 원화가치가 하락했다는 의미입니다.

12장

많이 팔릴수록
생산비용이 줄어든대

세계적인 기업을 만들기 위한
5총사의 고민

2주 후, 식품회사에서 연락이 왔다. 미국의 다른 마트에서도 계약을 하자고 한단다. 예상보다 더 인기가 많아서 물량이 부족한데, 미국에서 요구하는 만큼 생산해 수출하려면 생산라인과 급속냉동기를 더 늘려야 했다. 실제로 뉴스에 우리의 냉동·김밥 얘기가 나왔나. 김밥이 미국 직장인들 사이에서 점심으로 간단히 먹기에도 좋고 영양성분도 좋은 건강식품으로 각광받는다는 것이다. 또 요즘 미국에서 비건식품이 인기가 많아서, 고기가 안 들어간 김밥을 더 선호한단다. 바로 이게 전화위복인가? 미국 마트에 들어오기만 하면 금세 팔려서 '품절된 상태'라는 마트의 김밥코너 안내문이 화면에 비쳤다.

유진 이렇게나 인기가 많다니!

준우 그러게 말야. 요즘 미국 물가 엄청 올랐다잖아. 그래서
직장인들이 식당에서 점심 먹기보다는 이렇게 간단히
먹는 경우가 많대.

유진 그런 영향도 있구나.

지원 마트에서 품절이네. 그럼 생산시설을 더 늘리면 되는
거 아닌가?

준우 지금은 잘 팔리지만 나중에 안 팔릴 수도 있잖아.

경호 준우 말이 맞아. 팀장님도 그걸 우려하시더라고. 얼마
나 인기가 오래 갈지 예측할 수 없는 상황에서 생산시
설을 더 늘리기 어렵대. 그리고 비용도 많이 든다고.

잘 팔리면 더 생산해야 할까

준우와 경호의 말대로 지금 수요가 많아졌다고 해서 설비 투자를 늘리는 건 장기적으로는 손실이 될 수도 있다. 2020년 초 코로나19로 마스크 대란이 일어났던 때가 떠올랐다. 시중에 마스크가 부족해서, 마스크를 사려고 길게 줄을 선 사람들이 보였던 뉴스 장면. 나도 줄 서서 마스크를 사곤 했다.

그런데 2주 정도 지나자 그런 장면은 싹 사라졌다. 오히려 마스크 수요량보다 공급량이 늘어서 마스크 가격을 인하해서 파는 업체들이 많아졌다. 그래서 스타워깡도 품절 대란이 일어도 생산을 늘리지 않았던 건가? 난 예전에 가졌던 질문에 대한 답을 찾아냈다. 만약 우리의 냉동김밥의 수요가 지금처럼 계속 유지된다면, 생산시설을 늘리는 게 맞을 거다. 그렇지만 수요가 일시적으로 늘어난 거라면 늘리지 않는 편이 낫다. 추이를 좀더 지켜보며 결정해야겠지.

CL푸드에서 연락이 왔다. 식재료를 받는 농장에서 작황이 좋지 않아 당근과 시금치 가격을 올리겠다고 했다는 것. 게다가 요즘 전쟁으로 국제유가가 올라 운송비도 비싸졌다고 했다. 이전에는 김밥 한 줄 평균 생산비용(유통, 운송비 등 모두 포함)이 4,000원 정도 들었는데, 이제는 5,000원이나 든다고 했다. 현재 가격인 3.9달러를 받으면 남는 게 없어서 가격 인상이 불가피하다는 거였다.

경호 김밥 한 줄당 이윤을 기존 1,000원 정도로 유지하려면, 가격이 6,000원 정도는 되어야겠네. 그럼, 지금 환율로….

준우 4.6달러!

유진 3.9달러에서 4.6달러로 오르면, 꽤 큰데?

지원 그렇지. 18% 인상되는 거니까.

경호 가격이 오르면 수요량은 줄어들게 마련이잖아. 그런데 '얼마나 줄어드는지'를 파악하는 게 문제네.

준우 가격이 18% 인상되었는데, 수요량이 5%만 줄어든다면 매출액은 늘어날 거야. 만약 가격이 18% 인상되었는데, 수요량이 40% 줄어든다면? 매출액이 확 줄어드는 거지.

기연 그건 아는데 미래에 어떻게 될지를 우리가 예측할 수 있을까?

경호 음… 우리의 냉동김밥을 사 먹는 사람들의 입장에서 생각해보자. 어떤 사람들이 주로 산다고 했지?

유진 젊은 직장인들과 가정주부들이라고 했어.

경호 휴, 어렵긴 하다. 소득 수준이 어느 정도인지, 선호가 어떤지 파악하기가 힘드니까.

유진 그러게. 그런 정보라도 있어야 힌트가 될 텐데.

비용이 오르면 대안을 찾아야지

준우 아! 맞아. 대체재를 찾아보자. 마트에서 우리 김밥의 대체재가 뭐가 있지?

유진 대체재?

준우 김밥을 대신해서 먹을 만한 거 말야.

유진 왜?

준우 마땅한 대체재가 없다면 가격이 좀 올라도 사 먹을 테니까.

유진 그러네. CL푸드에 알아봐달라고 하자.

납품한 마트 지점마다 다르긴 한데, 김밥처럼 간단한 식사 대용이 될 만한 건 타코, 부리또, 샌드위치, 햄버거, 피자 등이 있다고 했다. 생각보다 대체할 만한 식품이 꽤 있었다. 그러면 가격이 올랐을 때 수요량이 많이 줄어들 수 있다.

준우 음, 그럼 한 번에 가격을 올리지 말고 미세하게 조정하면서 지켜보는 게 어떨까?

유진 그런데 계속 볼 때마다 가격이 올라가 있으면 좀 짜증 나지 않을까?

기연 가격이 계속 조금씩 오르는 걸 눈치채면, 오히려 더 많이 사둘 것 같기도 해.

준우 그래, '가격 더 오르기 전에 사두자'라는 심리. 그러면 또 어떤 게 적정 가격인지 찾는 데 문제가 생길 수도 있겠다.

기연 미세 조정에 찬성! 그런데 방향을 한 방향으로만 하지 말고, 올렸다 내렸다 하며 조정해보는 건 어때?

준우 응. 그것도 괜찮은 생각 같아.

난 기연이 의견을 들으며 쿠팡이 떠올랐다. 쿠팡에서 종종 주문해 먹는 과자가 있는데, 매번 가격이 다르다. 여기도 우리처럼 가격을 미세 조정하며 적정 가격을 찾는 걸까?

우리의 가격 미세 조정 전략을 CL푸드에 전했고, 받아들여졌다. 조금씩 올리고 내리면서 찾아낸 가격은 4.5달러다. 환율 1달러=1,300원일 때 5,800원 정도. 가격이 오르고 내림에 따라 수요량이 변화했고, 적정한 정도를 찾을 수 있었다. 가격이 보이지 않는 손이란 말이 실감나는 순간이었다. 가격이 15% 정도 인상됐는데, 수요량은 10% 정도만 줄었다. 우리의 김밥은 예상보다 가격 변화에 수요량이 덜 민감했다. 가격이 올랐어도 우리의 냉동김밥을 꾸준히 찾는 사람이 꽤 있었다는 분석이다. 오, 우리 냉동김밥 진짜 맛있는 거 국제 인증!

태생적 국제화,
10대가 알아야 할 해외 진출법

기업은 국제적 진출을 통해 더 큰 기회를 가질 수 있어요. 예전에는 기업이 국경을 넘어 다른 나라에서 사업을 하기 위해서는 일단 국내에서 어느 정도 성공해야 한다고 생각했어요. 외국 시장은 언어와 관습이 다르고 사업 관행도 다를 수 있어서 그 어려움을 극복하려면 국내 시장의 기반이 필요했던 거예요. 그런데 정보통신기술이 발달하고 무역 규제도 줄어들어서 작은 신생 기업들도 외국 시장에서 어려움 없이 사업을 하는 경우가 많아졌어요. 이런 기업을 태생적 국제화 기업이라고 불러요. 태어날 때부터 국제화된 기업이란 의미로요.

✦ 국내외 시장을 함께 공략하기 위한 전략
여러분도 사업을 하게 된다면, 국내 시장으로만 국한하지 말고 해외 시장도 함께 염두에 두어도 좋을 것 같아요. 이때 어떤 전략이 필요할까요? 온라인 사이트를 통해 제품을 판매한다고 해봐요. 영어를 비롯해서 프랑스어, 독일어, 스페인어, 일본어, 중국어 등 국제적으로 통용되는 여러 언어로 표기하는 편이 좋겠죠. 요새는 클릭 한 번이면 사용자가 원하는 언어로 볼 수 있게 운영하는 사이트도 많잖아요! 이와 더불어 해외사용 신용카드나 암호화폐 등 국제적 지불 수단을 사용할 수 있게 하는 거예요. 그럼 국내 소비자뿐 아니라 전 세계 소비자가 고객이 될 수 있을 거예요. 여기에 국제 배송 비용과 배송 기간의 문제만 해결되면 국내 판매와 외국 판매의 구분이 의미 없어지겠지요.

✦ BTS의 성공 요인 중 하나

BTS의 성공 요인도 이와 유사한 측면이 있어요. BTS는 그룹 결성 초기부터 자신들의 일상을 SNS를 통해 적극적으로 공개해왔다고 하거든요. 기존 다른 그룹들은 한국에서의 성공을 기반으로 공연 등을 통해 외국에 진출했는데, BTS는 처음부터 SNS를 통해 외국의 팬들과도 직접 소통해왔다는 거예요. 이런 과정을 통해 국내 팬뿐 아니라 외국 팬들도 많이 생겼던 거죠. 물론 BTS의 뛰어난 음악성과 가사에 담긴 긍정적인 메시지, 그들만의 차별화된 개성 등 여러 요인이 복합적으로 작용해 성공할 수 있었을 거예요. 태생적 국제화라는 속성도 성공 요인의 하나로 작용했다고 봐요. 처음부터 생긴 국내외 팬클럽인 '아미'들도 그들의 자양분이 되어줬고요.

✦ ESG경영의 의미

이윤 추구가 기업의 가장 중요한 목표라고 생각했던 과거와 달리 이제는 기업이 사회에 일정한 책임을 담당해야 한다는 생각이 퍼지고 있어요. 특히 ESG경영을 많은 사람들이 언급하며 강조하고 있습니다. ESG는 환경(Environmental), 사회(Social), 지배구조(Governance)의 영문 첫 글자를 딴 단어로, 기업경영에서 지속가능성을 달성하기 위한 세 가지 핵심 요소를 말해요. 기후변화 등 기업이 사회에 미치는 영향력이 증가하면서 ESG경영이 사회적으로 중요해졌죠. 환경과 사회를 생각하는 기업들이 투자자들에게도 좋은 평가를 받고, 기업의 윤리적인 행동과 기업 문화가 기업에 대한 투자를 결정하는 기준으로 자리잡게 되었습니다.

규모의 경제, 생산량이 늘어나면 비용부담은 적어져

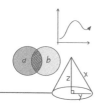

〈관련 교육과정〉

사회	수학
초등학교 사회6: 경제주체의 경제활동 중학교 사회2: 시장경제와 가격 고등학교 통합사회: 시장경제와 금융 고등학교 경제: 시장과 경제활동	초등학교 수학5: 규칙과 대응 중학교 수학2: 일차함수와 그래프 고등학교 수학1: 함수와 그래프 고등학교 경제수학: 생산함수와 비용함수

5인 5색 김밥, 인기 대단하네요. 만약 하루에 김밥 100줄을 생산해서 한 줄에 5,000원(3.9달러; 1달러당 1,300원 환율로 대략 5,000원)에 팔고 있었다고 해볼게요. 김밥을 만드는 데 필요한 시설 임대료는 하루에 15만 원, 운송비는 하루에 5만 원이고,

김밥 100줄의 재료비는 다음과 같아요.

김밥 재료 가격(100줄 기준)

품목	금액
잡곡	25,000원
쌀	24,000원
시금치	20,000원
당근	15,000원
김	15,000원
달걀	22,000원
단무지	15,000원
유부	22,000원
참기름	22,000원
일회용 용기+젓가락	20,000원
합계	20만 원

그런데 인기가 많아져서 김밥 200줄을 만들어 모두 파는 게 가능하다면 판매수입, 총비용, 이윤에 어떤 변화가 올까요?

200줄 생산 시 비용

구분	품목	금액
고정비용	시설 임대료	15만 원
	운송비	50,000원
가변비용	잡곡	50,000원
	쌀	48,000원
	시금치	40,000원
	당근	30,000원
	김	30,000원
	달걀	44,000원
	단무지	30,000원
	참기름	44,000원
	일회용 용기+젓가락	40,000원
	합계	60만 원

하루 판매량이 100개에서 200개로 두 배 늘고, 판매가격은 5,000원으로 변동이 없다면, 판매수입은 50만 원에서 100만 원으로 정확히 두 배가 늘어요. 그런데 판매량이 두 배 늘어나면, 비용은 얼마나 늘어날까요? 비용도 정확히 두 배가 된다고 생각하기 쉬워요. 하지만 그렇지 않아요. 100줄 생산할 때나 200줄 생산할 때나 변하지 않는 비용이 있기 때문입니다. 생산량과 관계없이 고정적으로 들어가는 비용을 고정비용이라고

하는데, 여기서는 시설 임대료와 운송비가 고정비용이에요. 생산을 더 많이 한다고 해서 공장시설 임대료를 더 지급하지 않잖아요. 운송비는 무게에 따라 달라질 수 있지만, 이 경우 기본 운송비에 해당되어 늘어나지 않았어요!

생산량에 따라 변하는 비용을 가변비용이라고 합니다. 김밥 생산량이 늘어남에 따라 투입되는 재료비가 증가하고, 생산량이 줄어들면 재료비가 감소할 거예요. 이런 비용이 가변비용입니다. 고정비용과 가변비용을 합한 금액이 총비용이지요. 고정비용이 있다면, 생산량이 늘어남에 따라 하나당 생산비용이 점차 줄어들게 됩니다. 하루에 100줄 생산해 판매하는 경우와 200줄 생산해 판매하는 경우의 판매수입, 총비용, 이윤을 비교하면 다음과 같아요.

구분		판매량 100줄	판매량 200줄	비고
판매수입		50만 원	100만 원	판매량×판매가격
비용	고정비용	20만 원	20만 원	시설 임대료, 운송비
	가변비용	20만 원	40만 원	식재료비, 용기 및 젓가락 구입비
	합계	40만 원	60만 원	고정비용+변동비용
이윤		10만 원	40만 원	

판매수입은 늘어난 판매량과 비례해서 증가하는데, 총비용은 그만큼 늘어나지 않습니다. 고정비용은 생산량이 늘어도 그대로이기 때문이에요. 생산량이 늘어나면, 고정비용효과로 평균 생산비용이 줄어들어요. 100줄을 생산할 때는 1줄당 4,000원의 비용(총비용 40만 원/100줄=4,000원)이 들었지만, 200줄을 생산할 때는 1줄당 3,000원의 비용(총비용 60만 원/200줄=3,000원)이 들었잖아요! 이처럼 생산량이 늘어날 때 평균 생산비용이 줄어드는 걸 '규모의 경제'라고 한답니다.

비용에 따른 생산량도 함수로 나타낼 수 있어요. 총비용을 C, 생산량을 Q라고 하면 총비용은 $C=f(Q)$와 같이 나타내고, 이를 비용함수라고 해요. 위 사례의 김밥 생산의 고정비용이 20만 원이고, 가변비용이 김밥 한 줄당 4,000원으로 일정하다면 김밥 Q줄을 생산했을 때, 비용함수 C는 $C=200+4Q$(천 원)이 됩니다.

나가며
편의점의 CEO였던 친구들은
지금 무엇을 하고 있을까

5+1, 6인방은 행복편의점의 경험을 자양분 삼아 성장했다. 우정과 사랑, 추억을 함께 가진 우리들. 준우는 뇌과학자가 되어 치매 치료법을 연구하고 있고, 지원이는 SF소설 작가가 되었다. 찬이 오빠는 유학 중 시카고미술관에서 했던 작품 전시에서 호평을 받으며 아티스트로 활동을 시작했다. 빛에 따라 달라 보이는 설치 조형 작품을 비롯해서 5감을 모두 사용해 느낄 수 있는 작품을 창조하고 있다. 미술작품과 함께 오빠가 작곡한 음악도 함께 전시한다.

그래도 오빠가 세상에 알려지는 데 도움을 준 건 5인 5색 일러스트다. 일러스트도 예술이 될 수 있음을 세상에 보여준 오빠. 팔방미인 기연이. 기연이는 엄마의 재능을 물려받아 영화배우로 활동 중이다. 웃을 때 생기는 반달눈은 여전하다. 얼마 전 작품에선 뱀파이어 역할을 했는데, 뱀파이어가 그렇게 사랑스러워도 되는 거야? 망고맛 다이어트 단백질 쉐이크를 개발해서 사업도 하고 자신이 직접 광고모델로 나섰다. 비린 맛이 없이 맛있어 유명해진 제품이다.

내 친구 경호. 공학, 경영, 철학을 섭렵했다. AI를 효율적으로 사용하기 위한 프로그램을 개발했는데, 여러 분야에 접목되어 널리 쓰이고 있다. 학생 때부터 취미로 하던 밴드 활동도 계속해서 음반도 냈다. 그는 사업가이자 예술가다.

마지막으로 나, 유진. 나는 경제학을 공부했다. 계산이랑 친하지 않았는데, 수학적으로 사회현상을 분석하는 경제학은 흥미로웠다. 여러 상황을 가정하고 만든 모델에서 결론이 나오는 경제학과 수학. 그게 좋아서 시작했는데, 점차 사회이 문제는 정해진 답이 없다는 걸 깨달았다.

나영 샘은 여전히 편의점 5+1 친구들과 같은 중학생 제자들과 함께 배우고 성장하고 있다는 소식을 들었다. 여전히 행복편의점은 그 자리에 있다고 한다. 이번에도 나영 샘과 함께 경제수학, 경제·경영을 함께 배우고 있단다.

기업가정신,
도전과 혁신은 우리에게도 필요해

✦ 도전하고 기회를 포착해 혁신을 이루다

'기업가정신(entrepreneurship)'이란 말 들어봤나요? 앙트러

프러너십이라 불리는 이 말은 '기업가정신'이라고 번역되는 경우

가 많은데요, 기업가(entrepreneurs)적 사고와 행동을 말해요. 하

버드 비즈니스 스쿨 하워드 스티븐슨(Howard H. Stevenson) 교

수는 "기업가정신은 보유한 자원의 수준을 뛰어넘는 기회의 추

구(entrepreneurship is the pursuit of opportunity beyond

resources controlled)"라고 표현했어요. 이는 실패를 두려워하기보

다는 도전정신을 가지고 자기 주도적으로 새로운 기회를 발견하고 포

착하고, 창의적인 아이디어를 바탕으로 우리 삶에 도움이 되는 새로

운 것을 창조해 혁신을 이루고자 하는 태도와 행동이라고 할 수 있

을 거예요.

✦ 한국의 기업가정신, 정주영 회장과 현대

자신이 가진 자원의 수준을 훌쩍 뛰어넘어 기회를 추구해 기업가정신을 실현한 우리나라 기업가들. 먼저 현대그룹의 정주영 회장을 소개할게요. 정주영은 1915년 지금의 북한 지방인 강원도 통천군 송전면 아산리에서 가난한 농부의 아들로 태어났어요. 혈혈단신 서울에 올라와서 1940년 자동차 정비공장으로 본격적인 사업을 시작한 그는 1947년 현대건설(당시엔 현대토건)을 설립해요. 그는 1950년 6·25 전쟁으로 피란을 떠난 부산에서 미군부대 건설사업을 수행했고, 전쟁 후 부서지고 무너진 다리, 도로 등을 복구하는 사업을 현대건설이 도맡아 하면서 크게 성장했어요. 1960년 아이젠하워 미국 대통령이 한국에 방문했을 때, 미군은 UN묘지에 잔디를 깔고 싶어했어요. 겨울이었기에, 다들 잔디를 심기 힘들다고 말렸죠.

정주영은 잔디 대신 어린 보리를 깔아 성공했어요. 정주영 회장이 도전정신을 가지고 창조적 혁신을 추구한 유명한 일화예요. 그는 이어 1967년 현대자동차를 설립한 후, 영국과 이탈리아의 전문가를 영입하고, 일본과 기술협조계약을 맺으며 독자적인 모델 개발에 착수했어요. 결과는 대성공이었어요. 개발된 자동차는 1974년 포니(Pony)라는 이름으로 국제자동차박람회에 출품됐고, 이후 여러 나라에 수출하게 되었어요. 1972년에는 자동차에 이어 큰 배를 만드는 조선소 설립을 시작해 2년 3개월 만에 완공하고 유조선 두 척을 만들었어요. 그의 도전정신과 추진력, 창조적 혁신의 기업가정신이 오늘날의 현대자동차와 세계 1위 조선사인 현대중공업을 만들었다고 할 수 있지요.

◆ 외국의 기업가정신, 스티브 잡스와 애플

애플의 창업자, 스티브 잡스(Steven Jobs). 기업가정신을 실현한 세계적 인물을 얘기할 때 가장 먼저 떠오르는 대표적 인물이에요. 그는 대학교를 중퇴하고, 인도로 여행을 하면서 끊임없이 '나는 누구인가', '나는 어떻게 살 것인가?' 등의 질문을 던지며 스스로의 세계관을 만들어가며 살고자 했다고 해요. 그러곤 그는 사람들이 본 적도 상상해본 적도 없기에, 사용할 필요성도 느끼지 못했던 걸 만들었어요. 개인용 컴퓨터, 태블릿PC, 스마트폰이 그것입니다.

스티브 잡스는 그의 집 차고에서 스티브 워즈니악(Stephen Wozniak)이라는 엔지니어와 함께 새로운 방식으로 개인용 컴퓨터를 개발했어요. 이때 그는 미래에 발생할 수 있는 사항들을 미리 점검해보고 대비하고자 하는 태도를 가지고 있었다고 합니다. 그는 자신이 세운 회사 애플에서 쫓겨난 적이 있는데, 그때 픽사(Pixar)라는 회사를 인수해서 새로운 도약의 기반을 만들고, 다시 애플로 복귀한 후, 애플을 더 성장시켰다고 해요. 사망하기 전 그는 아이패드와 컴퓨터

기자재와 여러 콘텐츠를 미국 전체 학교에 제공해서 미국의 교육이 보다 창의적이고 혁신적으로 변화할 수 있도록 지원했어요.

정주영 회장과 스티브 잡스 두 사람 모두 기업가정신에서 강조되는 덕목들을 가지고 있어요. 자기주도적인 삶의 자세, 기회의 발견과 포착, 혁신과 도전, 창업과 사업화 역량, 조직과 기업의 경영역량이 그것입니다. 기업가정신은 멀리 있지 않아요. 여러분도 생활을 관찰하며 새로운 가치 창출의 기회를 발견하고, 창조적인 혁신을 만들어낼 수 있을 거예요.

◆ 우리 모두가 기업가예요

기업가정신, 우리와는 너무 멀게 느껴지나요? 혁신과 창의성, 도전정신. 거창하게 들리지만, 우리 생활 속에서도 충분히 실현할 수 있어요. '이건 이러해야 해', '~인 게 당연하지'라는 생각을 떨치고, 어떤 대상이든 새롭게 보도록 노력해보세요. 불편한 점이 있다면 그걸 어떻게 개선할 수 있을까 고민해보고요! 그러면 새로운 가치 창출의 기회가 보일 거예요. 작곡가의 경우, 자신이 작곡한 곡을 제대로 소화할 수 있는 가수를 찾아 노래를 만들어 앱스토어를 통해 보급한다면 그는 기업가적 작곡가인 셈이죠. 행복편의점의 5인 5색+1 친구들도 자신들의 브랜드를 만들고 창의적인 아이디어로 새로운 제품을 만들어냈잖아요. 이들의 생각과 행동도 기업가정신이 구현된 것 아닐까요?

부록 2

사업계획서 양식

사업명: ( )	
사업 개요	
산업분석과 트렌드	
목표 고객	
사업의 차별적 특성	
마케팅	
위험요인과 대처방안	

경제수학
위기의 편의점을
살려라!

초판 1쇄 발행 2024년 2월 11일
초판 7쇄 발행 2024년 12월 13일

지은이 | 김나영

발행인 | 박재호
주간 | 김선경
편집팀 | 강혜진, 허지희
마케팅팀 | 김용범
총무팀 | 김명숙

디자인 | 형태와내용사이
교정교열 | 임수연
종이 | 세종페이퍼
인쇄·제본 | 한영문화사

발행처 | 생각학교
출판신고 | 제25100-2011-000321호
주소 | 서울시 마포구 양화로 156(동교동) LG팰리스 814호
전화 | 02-334-7932 **팩스** | 02-334-7933
전자우편 | 3347932@gmail.com

ⓒ 김나영 2024

ISBN 979-11-91360-99-8 (43320)